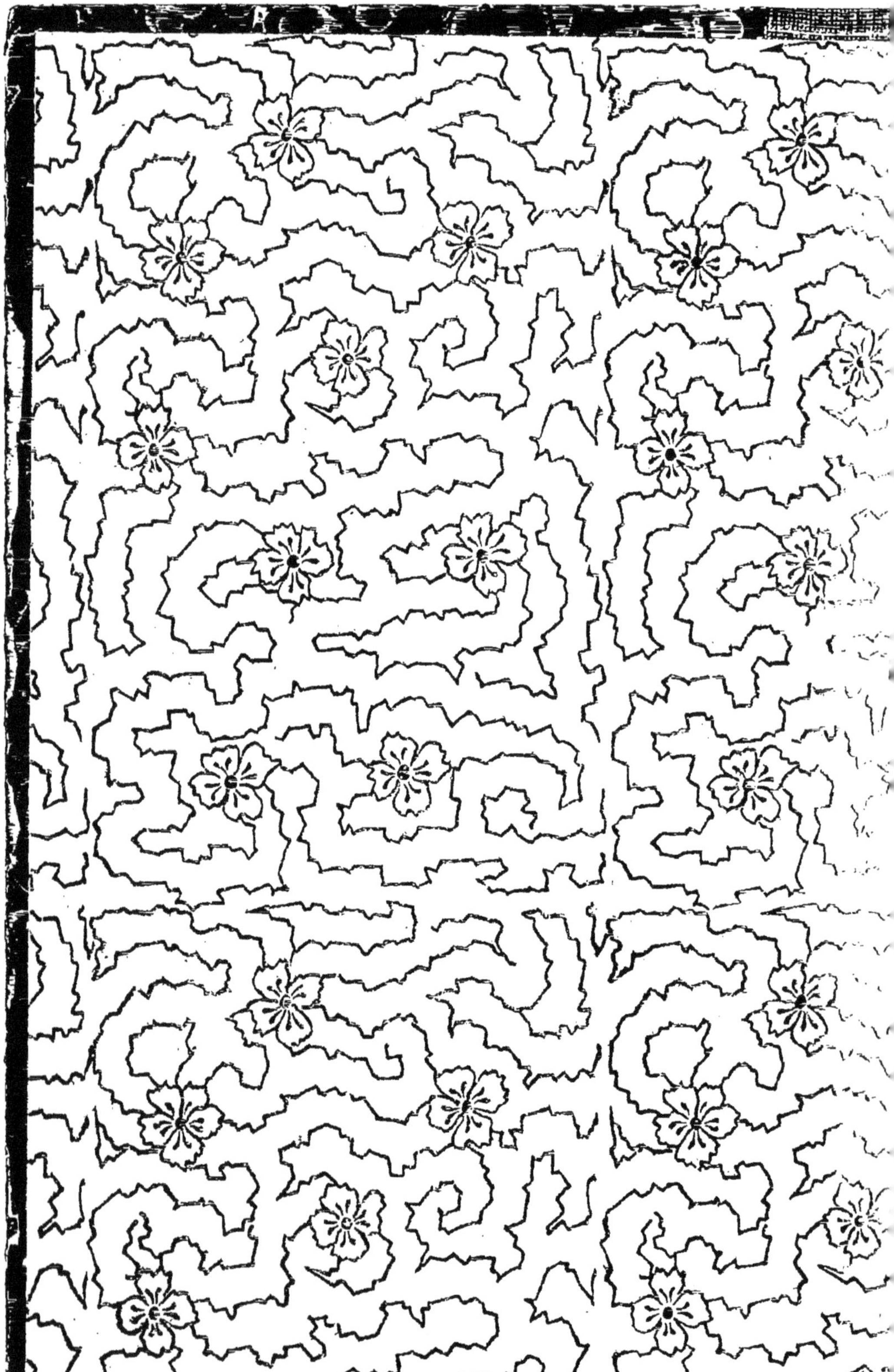

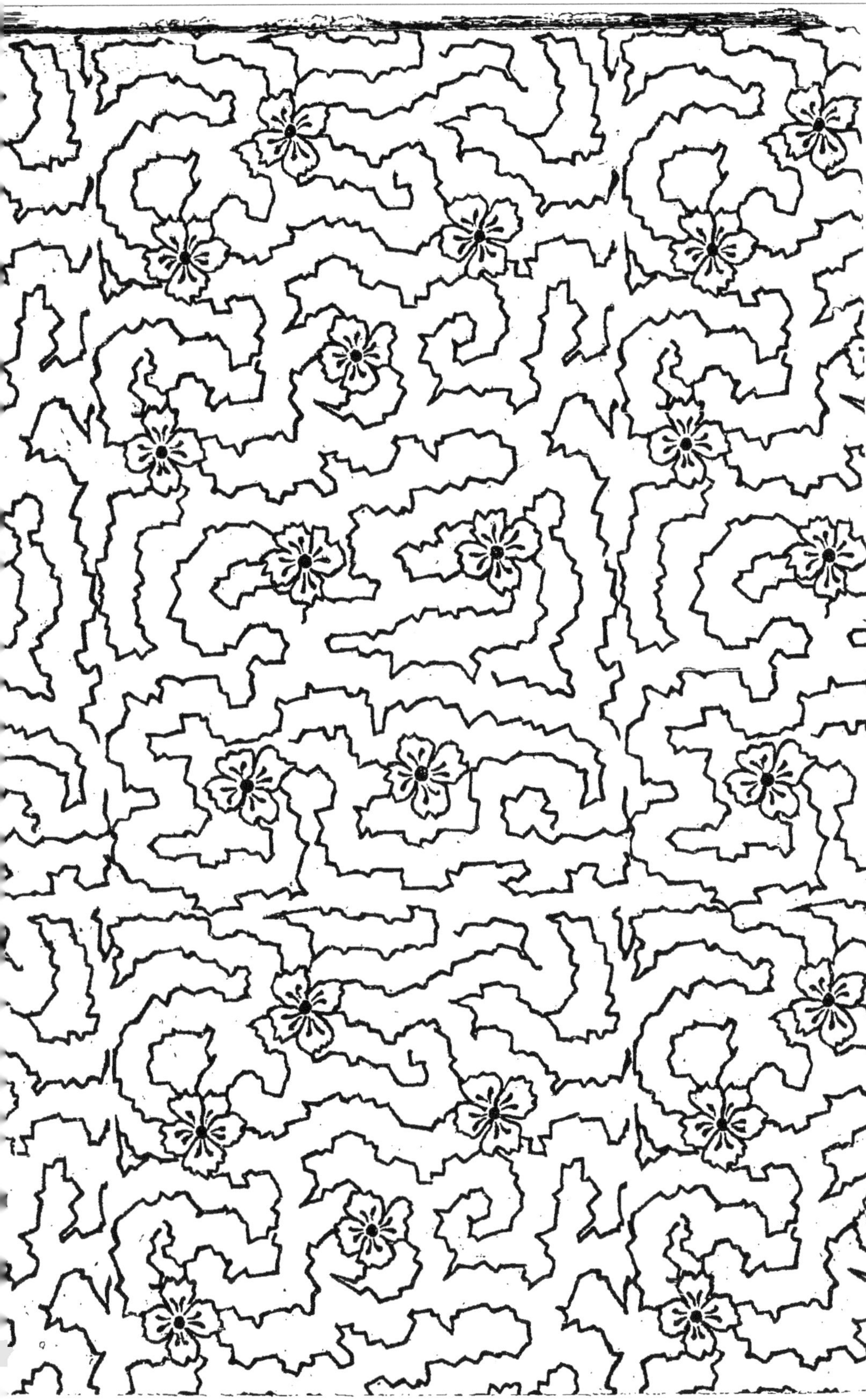

BIBLIOTHÈQUE D'EDUCATION MODERNE

UN FILS DE L'ALSACE
KLÉBER

PAR

AUGUSTE ECHARD

PARIS. CHARAVAY FRÈRES ÉDITEURS
4, Rue de Furstenberg 4

UN FILS DE L'ALSACE

KLÉBER

J. B. KLÉBER
NÉ A STRASBOURG
EN MIL SEPT CENT CINQUANTE-TROIS
ASSASSINÉ AU CAIRE
LE QUATORZE JUIN MIL HUIT CENT

UN FILS DE L'ALSACE

J. B. KLÉBER

PAR

AUGUSTE ECHARD

PARIS. CHARAVAY FRÈRES ÉDITEURS.

4 Rue de Furstenberg.

1883

AVANT-PROPOS

L'Alsace a longtemps manqué de grands hommes. Pendant les siècles du Moyen-Age, pendant la période qui précéda son annexion à la France, elle a eu ses poëtes, ses savants et ses guerriers; mais, sauf Gutenberg, dont elle fut la patrie adoptive, elle n'a eu personne dont la gloire rayonne encore et dont le souvenir soit resté vivant et populaire dans l'âme de la foule. Même après avoir été réunie à la France, après avoir puisé une vie nouvelle dans sa fusion avec notre grande nation, et s'être rajeunie au contact de ce peuple dont elle se sentait fière de partager désormais les glorieuses destinées, l'Alsace demeura stérile. Il faut attendre jusqu'au jour de la Révolution pour la voir enfanter d'illustres citoyens. Alors, un étrange frisson la saisit; elle tressaillit d'un enthousiasme mmense, et toutes ses forces se réveillèrent. Il lui sembla qu'une aurore magnifique illuminait le monde ; elle accueillit avec des transports de joie les idées de droit et de liberté qui prenaient leur splendide essor, et s'attacha plus fortement que jamais au pays où l'on avait rédigé la Déclaration des Droits de l'homme. La république de Mulhouse abdiqua, en échange du titre de cité française, l'indépendance qu'elle avait gardée jusqu'alors. Lorsque l'Europe coalisée menaça la patrie des théories libérales et des sentiments généreux, les Alsaciens furent du nombre des patriotes les plus ardents ; ils donnèrent aux armées de la Convention d'excellents soldats, durs à la fatigue et d'un courage à toute épreuve. Par leur vertu guerrière, ils furent dignes d'être les premiers qui entendirent la *Marseillaise ;* car c'est à Strasbourg, on le sait, que fut composé l'hymne de la Révolution. Quelques-uns d'entre eux s'acquirent une gloire immortelle dans les combats, et l'Alsace vit comme une floraison soudaine de héros. On les admira durant toute cette longue série de guerres qui désolèrent l'Europe. Kellermann décida la victoire à Valmy ; Westermann se rendit redoutable aux Vendéens ; plus tard, sous l'Empire, le général Rapp s'illustrait au siége de Dantzick. Le maréchal Ney était de la Lorraine, de ce pays presque identique à l'Alsace par le caractère de ses habitants, et qui, depuis des malheurs communs, ne fait plus qu'un avec elle. Enfin Kléber remplit le monde du bruit de ses exploits. Victorieux en Vendée, victorieux sur le Rhin, victorieux en Egypte, il laissa un nom impérissable. Ceux qui étaient à même de comprendre son génie se montraient étonnés de la profondeur et de la justesse de ses vues. Ses compagnons d'armes, qui le voyaient dans les batailles, ne savaient ce qu'il fallait admirer le plus chez lui, de sa valeur ou de son habileté. Le peuple se souvient de lui comme d'un des plus intrépides partisans de la Révolution, comme de l'un des plus beaux génies que le soleil de 89 ait fait éclore. Le drame populaire s'est emparé de cette imposante figure, et c'est avec les sentiments d'une sympathie profonde que le public a vu se dérouler sur le théâtre la belle vie du héros.

Si Kléber a bien mérité de la République, on peut dire aussi que c'est la République qui a fait Kléber. Inconnu, mécontent de son sort, cherchant encore sa véritable voie à l'âge de quarante ans, il dut à la Révolution d'être tiré de l'oubli et de trouver le bonheur, en même temps que la célébrité, dans des entreprises nobles et dignes de lui. Sa destinée fut étroitement liée à celle de la cause qu'il servit. Appelé par elle comme à une vie nouvelle, à une vie de grandeur et d'éclat, il disparut de la scène du monde au moment où cette cause était perdue, trahie ; assassiné peu de temps après le 18 brumaire, il ne survécut pas à la liberté de sa patrie. Il ne devait pas, après avoir défendu la Révolution, servir celui qu'il appelait « le nouvel Auguste », mais être de ceux dont M. Thiers a dit : « Ne les plaignons pas d'être morts jeunes ; il vaudra toujours mieux pour la gloire de Marceau, Hoche, Kléber, Desaix, de n'être pas devenus maréchaux. »

UN FILS DE L'ALSACE

KLÉBER

CHAPITRE I

JEUNESSE DE KLÉBER — SES ÉTUDES D'ARCHITECTURE A PARIS
SES PREMIÈRES ARMES AU SERVICE DE L'AUTRICHE
SON SÉJOUR A BELFORT
1753-1793

Jean-Baptiste Kléber naquit à Strasbourg le 9 mars 1753. Son père, originaire de Geispolsheim, gros village habité par une race de paysans robustes et fermes, exerçait le métier de maçon. Cette circonstance est à noter, car en Autriche où, comme nous le verrons, Kléber passa une partie de sa vie, ses compagnons, nobles pour la plupart, rougissaient pour lui de sa modeste origine et répondaient aux étrangers qui les interrogeaient sur son compte qu'il était « le fils du grand bailli de Strasbourg ». Kléber au contraire, fier de sa naissance, aimait à répéter qu'il était fils d'un tailleur de pierre. Il perdit son

UNE RUE DE STRASBOURG

père lorsqu'il était encore au berceau, le 13 août 1753, et sa mère, grande et belle Alsacienne aux magnifiques cheveux blonds, se remaria, deux ans après, avec un maître charpentier, nommé Burger.

Les anecdotes que l'on sait sur l'enfance de Kléber, sans annoncer un héros, nous le montrent cependant comme un caractère peu commun. Dès ses premières années, nous le voyons entraîné par un impérieux besoin de mouvement et d'activité, espiègle et fougueux, bouillant de verve, batailleur, hardi et provoquant. Il a déjà cette gaîté endiablée qui ne le quittera jamais, ni dans les fatigues de la vie des camps, ni dans les expéditions lointaines, qui réunira tant d'amis autour de lui, et au milieu de laquelle la mort le surprendra. C'est la gaîté franche d'une âme sereine qui ne sait pas dissimuler ; c'est l'expansion libre d'une nature rieuse et folâtre, mais bonne au fond, à qui l'on pardonne des mots un peu vifs et des reparties mordantes, parce qu'à côté de l'esprit original et piquant se trouve un excellent cœur. Kléber s'amusa de bonne heure à narguer tout le monde, même les plus hauts personnages, avec cette familiarité que se permet dans les grandes villes l'enfant du peuple. Comme son père avait été longtemps au service du cardinal de Rohan, évêque de Strasbourg, celui-ci eut l'occasion de connaître l'alerte gamin et l'aima pour son admirable entrain. Un jour que le prélat faisait visiter au maréchal de Contades, alors gouverneur de l'Alsace, une construction nouvelle qui l'occupait fort, il aperçut le jeune Kléber au milieu des chantiers. Il l'appela, et montrant au gouverneur la figure claire et souriante de l'enfant, d'une beauté saisissante sous les grands cheveux blonds qui l'encadraient : « Comment trouvez-vous ce garçon, marquis ? » dit-il. — « Forte nature », répondit M. de Contades. Quelques jours avant cette rencontre, une singulière mésaventure était arrivée au maréchal.

Son cuisinier Clauss était l'inventeur des fameux pâtés de foie gras, et entretenait avec soin dans un grand enclos des centaines d'oies qu'il égorgeait au fur et à mesure. Une nuit, de mauvais plaisants ouvrirent l'enclos et laissèrent la grasse volaille se disperser. Le cuisinier faillit se tuer de douleur ; le maréchal fut vivement contrarié. En le voyant, Kléber ne put s'empêcher de faire allusion à l'événement dont parlait toute la ville. Il se mit à chanter à tue-tête une chanson faite pour la circonstance, et dans laquelle les oies envoyaient, en se sauvant, le bonjour à Clauss et à son maître. Puis il s'enfuit à toutes jambes, laissant dire à M. de Contades, étonné d'une pareille impertinence : « Cet enfant finira mal ».

La mère de Kléber s'occupa très vivement de faire donner à son fils une bonne éducation. Comme elle avait eu quatre enfants de son mariage avec M. Burger elle craignait de ne pouvoir surveiller d'assez près Jean-Baptiste, et l'envoya chez un curé de village qui se chargea de l'instruire. L'enfant fit des progrès rapides pour tout ce qui était du « profane », comme il le racontait lui-même plus tard ; il révélait un goût particulier pour l'algèbre et la géométrie ; mais jamais on ne put lui faire apprendre ce qu'il appelait le « sacré ». Le bon curé était désespéré de ce qu'un enfant confié à ses soins, l'enfant du presbytère, ne sût pas servir la messe comme les autres. Il fit des efforts inouïs pour lui faire retenir par cœur les prières latines qui se disent au pied de l'autel, et s'étonnait de ce que la remarquable intelligence de son élève fût comme fermée aux choses saintes. Un jour, cependant, il crut avoir triomphé de toutes les difficultés et réussi dans son œuvre d'éducation religieuse. C'était un dimanche. Il avait envoyé Kléber à la sacristie avec le vin de messe, en lui recommandant de revêtir le costume d'enfant de chœur, afin d'être prêt au premier coup de cloche. Quand il arriva au moment de l'office, il ne trouva ni servant, ni burettes. Kléber les avait vidées et s'était sauvé dans une forêt voisine. Il y resta tout le temps de la messe et ne revint au presbytère qu'à l'heure du dîner. Pour le punir, le brave prêtre l'enferma dans une cave. Mais le prisonnier fit un vacarme infernal, sautait d'un tonneau à l'autre, renversait tout ce qu'il rencontrait, et parlait de jeter le désordre dans un coin où dormait, sous une vénérable couche de poussière, un délicieux petit vin blanc d'Alsace, la joie du curé et des confrères du canton, lorsqu'un saint à fêter les amenait au presbytère. A cette menace, la porte de la cave s'ouvrit aussitôt, et le terrible enfant fut remis en liberté.

Kléber ne resta pas longtemps à la campagne ; il revint à Strasbourg et entra dans les écoles publiques où il apprit la géométrie et le dessin avec une facilité prodigieuse. Son beau-père, frappé de ses grandes dispositions, résolut de l'envoyer à Paris, afin qu'il y suivît les leçons de Chalgrin, le meilleur architecte de l'époque.

Kléber avait seize ans quand il vint à Paris. Il était déjà un homme magnifique. Sa taille était celle d'un colosse. Il avait six pieds de haut, des formes herculéennes, de larges épaules, des muscles d'athlète, et portait avec fierté sa tête d'une beauté sculpturale. Energique et mâle, sa figure avait en même temps un charme irrésistible; c'était un mélange de force et de délicatesse, de noblesse et de grâce. Il avait dans le regard cette flamme qui devait plus tard dans les batailles éblouir ses soldats, les entraîner comme à la suite d'un demi-dieu, et faire dire à Bonaparte : « Personne n'est beau comme Kléber un jour de combat ». Cette richesse d'une nature exubérante et cette puissance de séduction faisaient craindre que le jeune homme n'oubliât dans les plaisirs les motifs qui l'amenaient à Paris, et ne se laissât détourner de ses études par les distractions de la grande ville. Si Kléber se laissa parfois emporter par la fougue de son âge, il sut néanmoins faire une large part au travail. Il profita beaucoup de l'enseignement de Chalgrin, et lorsqu'au bout de deux années ses parents, trop peu riches pour laisser leur fils plus longtemps à Paris, le rappelèrent auprès d'eux à Strasbourg, il était un habile architecte.

En retournant dans sa ville natale, Kléber s'arrêta plusieurs jours à Besançon. Il alla visiter les familles de quelques jeunes gens qu'il avait connus à Paris, et trouva chez toutes un accueil charmant dont il aimait à se souvenir. Introduit par elles dans la haute société de Besançon, il se fit remarquer par sa beauté, et remporta auprès des femmes des succès qui lui firent beaucoup de jaloux. Un élégant de la ville, nommé Doney, qu'il avait évincé, le provoqua en duel; Kléber, qui cherchait toujours des occasions de se battre, s'empressa d'accepter ; l'heure et la place de la rencontre furent fixées. Mais Doney prit peur pendant la nuit, et raconta son aventure à son père. Celui-ci prévint les autorités, mais trop tard pour empêcher le combat. Kléber donna un bon coup d'épée à son adversaire. En revenant chez lui, il fut arrêté et mis en prison, malgré les protestations de la jeunesse bisontine, qui avait été révoltée de la conduite des Doney. Toute la ville prit parti pour le loyal et bel étranger ; une manifestation en sa faveur eut lieu, et l'élargissement ne tarda pas à être accordé. Un grand nombre de personnes l'attendaient à la porte de la prison, et le ramenèrent en triomphe à son domicile. Kléber partit en laissant à Besançon les meilleurs souvenirs.

A Strasbourg, Kléber songea sérieusement à prendre un état. Il travaillait comme architecte, lorsqu'un jour une aventure nouvelle lui fit abandonner son métier et le jeta dans la voie où il devait s'illustrer plus tard. Faut-il attribuer au hasard la vocation militaire de Kléber, ou doit-on croire que ses goûts pour la guerre, longtemps contrariés, auraient éclaté un jour ou l'autre ? Il nous semble qu'au fond Kléber avait le tempérament d'un soldat et le génie des batailles. Il montrera comme général de trop grandes qualités pour qu'il soit permis de penser qu'elles ne se seraient jamais révélées, et qu'il eût tranquillement passé sa vie comme architecte, sans le fait suivant.

Un jour, dans une brasserie, une lutte très-grave éclate entre des Strasbourgeois et deux gentilshommes allemands. Kléber intervient et prend la défense des étrangers dont la situation devenait critique. Ceux-ci se montrèrent reconnaissants du service qu'il leur avait rendu. Ils s'informèrent de son état, de sa fortune, et pensant que Kléber, malgré son talent, n'arriverait jamais dans la carrière qu'il suivait à une place digne de lui, ils lui proposèrent un autre avenir et offrirent de l'emmener avec eux en Allemagne. Kléber les écouta, quitta Strasbourg, et entra dans une sorte d'école militaire à Munster.

Il en fut l'élève le plus brillant. Sa haute taille et ses grandes facultés lui donnèrent un prestige immense sur ses compagnons qui s'habituèrent à voir en lui un supérieur. Il était à l'Ecole depuis sept mois lorsqu'un des chefs mourut. Kléber avait souvent fait des réflexions sur les étranges abus de cette époque et sur l'injustice de cette société où la naissance et la faveur donnaient les hautes places, tandis que les hommes de talent sortis du peuple ne pouvaient s'élever au-dessus d'une situation médiocre. Il avait la conscience de ce qu'il valait. Aussi, lorsque ce chef mourut, jugea-t-il qu'il le remplacerait aussi bien qu'un favori.

quelconque du ministre. Il sollicita donc la place vacante. Il fallait toute l'imprévoyance et toute l'audace de la jeunesse pour oser présenter une pareille demande. Le ministre à qui elle était adressée en resta stupéfait et ordonna qu'une telle présomption fût punie de plusieurs jours de prison. Kléber, qui ne doutait de rien, fut à son tour étonné d'un tel dénouement,et subit, la mort dans l'âme, la peine qu'on lui infligeait, bien décidé à sortir de l'Ecole le premier jour qu'il serait de nouveau libre.

Ce moment arriva plus tôt qu'il ne l'avait espéré. Le prince de Kaunitz, fils du premier ministre de Marie-Thérèse, de passage à Munster, exprima le désir de visiter l'Ecole. Les chefs se gardèrent bien de laisser dans son cachot l'élève qui leur faisait le plus d'honneur. Ils l'en firent sortir, mais en lui adressant les plus vifs reproches sur sa grande présomption. Leurs paroles ne firent qu'aigrir encore davantage Kléber. Il voulut se venger en se faisant décerner, par le prince autrichien, des éloges qui condamneraient leur injustice. A cet effet, il exposa ses plus beaux dessins dans une salle où il pensait que l'illustre visiteur passerait. Selon ses prévoyances, le prince de Kaunitz les aperçut et, frappé du mérite éminent de ces œuvres, il demanda qu'on lui présentât l'auteur. Kléber, qui s'attendait à être appelé, faisait à ce moment de l'escrime ; il avait choisi à dessein le plus habile adversaire qu'il pût trouver, afin que sa propre dextérité éclatât davantage. Le prince entra dans la salle d'escrime et fut émerveillé de la beauté et de l'adresse de ce géant dont il avait admiré déjà les hautes facultés intellectuelles. Il offrit à Kléber de l'emmener à Vienne et de lui donner une place dans l'armée autrichienne. Kléber saisit avec empressement l'occasion de quitter une école où il s'était trouvé maltraité. Pendant les quelques jours qu'ils passèrent ensemble, le prince put à loisir étudier son protégé, et la haute opinion qu'il avait de lui ne fit que se confirmer. Fier de sa magnifique recrue, il voulut la présenter à l'empereur lui-même. Kléber plut à Joseph II, et obtint bientôt après, sans avoir passé par les grades inférieurs, une lieutenance dans le régiment dont le prince de Kaunitz était le colonel-propriétaire.

Dans ces conditions, un autre que Kléber aurait pu être parfaitement heureux. Mais lui se sentait mal à l'aise dans ce monde aristocratique de l'Autriche où le respect de la hiérarchie était profond, où le talent, sans la naissance, n'était jamais estimé à sa juste valeur. La fierté républicaine du plébéien de Strasbourg souffrait cruellement des airs hautains que ses protecteurs eux-mêmes affectaient parfois à son égard. Voici en quels termes il s'en plaignait plus tard à son ami Lubert d'Héricourt :

« Si les grands ne vous traitent pas en esclaves, c'est une faveur qu'ils ne veulent pas qu'on ignore ; et quelle que soit la familiarité à laquelle ils vous admettent, ils ont soin de vous rappeler de temps en temps votre grande infériorité ; c'est surtout en compagnie, devant les étrangers, qu'ils aiment à vous humilier : le général Kaunitz m'en donna une preuve à laquelle je fus infiniment sensible, quoique forcé de ne pas faire semblant de m'en apercevoir. C'était un jour d'été, j'entre dans un appartement où il se trouvait avec quelques gentilshommes ; ils buvaient de la bière d'Angleterre ; sans attendre qu'on m'en offrît, je dis à un domestique de m'apporter un gobelet ; dans l'intervalle qu'il mit à exécuter l'ordre que je lui donnais, le général s'empressa de verser ce qui restait de bière dans les gobelets qui étaient sur la table, de sorte que, quand le mien arriva, il n'y en avait plus, il n'en fit point apporter de nouvelle ; je fus par conséquent obligé de m'en passer. Je vis alors le sourire ironique sur les lèvres du général, de ses convives, et même des domestiques qui aperçurent facilement l'intention que leur maître avait eue de me mortifier. »

C'était là un affront dont il ne pouvait se venger.

Mais quand il se trouvait blessé par un autre que le prince de Kaunitz, il relevait toujours l'offense. Il se battit en duel avec beaucoup d'officiers qui, jaloux de son avancement rapide, n'attribuaient sa faveur qu'à sa haute taille, et se permettaient des plaisanteries à ce sujet. Quand Kléber en eut envoyé plusieurs à l'hôpital, ils surveillèrent un peu plus leurs paroles. Quelques-uns devinrent ses amis, et lui témoignèrent en mainte occasion un véritable dévouement.

Kléber s'ennuyait de cette vie de garnison, lorsque l'armée autrichienne se mit en mouvement pour marcher contre les Turcs. Joseph II s'était allié à Catherine de Russie pour faire la guerre au Sultan. Le régiment de Kaunitz eut l'ordre de se porter en Hongrie. Kléber était transporté de joie. Enfin il lui serait possible d'agir ! Son ardeur était extrême. Il comptait se signaler par son courage et obtenir, grâce à ses services, un grade élevé dans l'armée autrichienne. Tout à coup l'on annonce que la guerre n'aurait pas lieu; les puissances avaient conclu la paix, lorsque les armées étaient à peine en marche. Kléber fut désolé de la suspension des hostilités. Il se voyait condamner de nouveau à l'existence terne et paisible du soldat désœuvré ; toutes ses espérances de gloire étaient brisées.

Il eut une autre fois la même déception. En

1778, la guerre éclatait entre Joseph II et le grand Frédéric, roi de Prusse. Kléber se réjouit de retrouver une occasion d'échapper aux ennuis d'une vie oisive, et de dépenser cette activité qui le tourmentait sans cesse. Mais cette fois encore aucune bataille ne fut livrée, et le traité de Teschen rétablit la paix.

Kléber vint alors avec son régiment à Luxembourg. Là encore il ne put être heureux. Le besoin d'agir le dévorait ; il se trouvait à l'étroit, il étouffait dans cette ville calme où pour toute distraction il n'avait que ses aventures galantes et ses duels avec les officiers trop orgueilleux. Il satisfaisait son goût inné pour les plaisanteries ; beaucoup de bourgeois furent ses victimes ; il tournait en ridicule les parvenus et les fats ; sa verve était intarissable. Toutefois il avait tant de qualités qu'il fut plus heureux que les plaisants vulgaires ; il sut ne pas se faire d'ennemis. Mais rien ne pouvait le consoler de son inaction. Il se sentait né pour de grandes choses, il rêvait de grands projets, attendait avec impatience des événements extraordinaires où il pût se faire un nom, et disait à son camarade Menu, comme s'il avait eu le pressentiment des agitations de la Révolution, des guerres mémorables qu'elle devait enfanter, et du grand rôle qu'il y jouerait : « Un poste de lieutenant ne me convient pas ; je ne suis

1741 — JOSEPH II — 1790

point à ma place ; il faut pour que je puisse m'y mettre qu'il survienne en Europe un bouleversement général. »

Bien qu'il fût aimé de la plupart des officiers et adoré des soldats, il songeait à donner sa démission. Une injustice dont il fut victime l'y décida. Un prince de Wurtemberg avait remplacé le prince de Kaunitz comme colonel-propriétaire du régiment. Le nouveau colonel promit à Kléber de le nommer lieutenant de grenadiers. Mais le poste, devenu vacant, fut donné à un gentilhomme dont le père avait un haut emploi dans le régiment, et dont la sœur fort jolie avait attendri le prince très-jeune encore. Kléber fut indigné de ce manque de parole et donna sa démission, sans écouter les prières du colonel, qui voulait réparer sa faute en lui accordant les distinctions les plus flatteuses.

On raconte que, dans l'année même, le nouveau lieutenant de grenadiers fut tué par une explosion à un poste où l'appelait son grade. Son protecteur n'eut pas à se louer d'avoir été injuste pour Kléber. C'est lui qui fut battu par notre héros en 1789 dans le fameux combat d'Altenkirchen. Il y perdit 3,000 hommes, quatre drapeaux, douze canons, ses équipages, et fut, à la suite de cette défaite, privé pour toujours du commandement. Dans sa déroute, il s'écriait avec désespoir : « Ah !

c'est Kléber, c'est Kléber ! » — On dirait souvent qu'une injustice invisible et puissante prend soin de réparer les torts dont ont souffert les grands hommes.

De retour à Strasbourg, Kléber se trouva dans un état voisin de la détresse. Dans les huit années passées au service de l'Autriche, il s'était montré prodigue et imprévoyant, dépensant étourdiment autant d'argent que les officiers nobles, infiniment plus riches que lui. De la sorte il contracta des dettes que ni lui, ni ses parents ne purent payer. Il jugea qu'en restant soldat il ne gagnerait pas de quoi s'acquitter. Il dut abandonner avec douleur un état qui lui plaisait, malgré les ennuis qu'il y avait éprouvés, et reprit, sur les conseils de ses amis, ses anciens travaux d'architecte.

Il fut présenté à M. de la Galaisière, intendant d'Alsace. Comme tous ceux qui voyaient Kléber, M. de la Galaisière reconnut aussitôt son mérite et le nomma inspecteur des bâtiments publics dans la Haute-Alsace. Kléber s'établit à Belfort où il retrouvait un de ses frères, entrepreneur des fortifications. A Belfort, on vit cet homme impétueux et bruyant se soumettre, par un effort de volonté, à une existence calme, retirée et laborieuse. Mettant un point d'honneur à payer exactement ses dettes, il sut se vaincre lui-même et vouer à des occupations régulières sa nature jusqu'alors indomptée. Il travailla beaucoup, remplit consciencieusement sa charge d'inspecteur, sans abandonner sa profession d'architecte, éleva l'hôpital de Thann, le château de Grandvillars, la maison des chanoinesses de Massevaux et beaucoup d'autres constructions importantes. Il fit remarquer un plan de l'Hôtel-Dieu de Paris qu'il était question de reconstruire alors. La Révolution empêcha de poursuivre ce dessein et de mettre à profit les idées de Kléber. Dans ses loisirs, il lisait les grands auteurs et étudiait les systèmes philosophiques. Ses préférences variaient entre les doctrines fatalistes et celles d'Epicure.

Les années passées à Belfort, il les comptait lui-même parmi les plus heureuses de sa vie. Plus tard il aimait à se rappeler le charme de ces jours paisibles, où il se reposait des agitations de sa première jeunesse. Il vivait entouré d'une foule d'amis dévoués ; il se proposait de se fixer pour toujours au milieu d'eux et parlait de se marier avec une personne ni belle ni gracieuse, écrivait-il à l'une de ses sœurs, mais qui avait un bon cœur et 80,000 francs de dot.

Il allait ensevelir son génie dans une retraite modeste quand la Révolution éclata. Kléber la salua avec enthousiasme. Ses vieilles tendances républicaines se ranimèrent lorsqu'il entendit toute la nation se réveiller et demander à grands cris la liberté. Il fut un des plus chauds partisans de la cause populaire. Alors on le vit s'agiter de nouveau, parcourir les villages où il avait de l'influence, inspirer la rédaction des cahiers qui devaient être envoyés aux Etats-Généraux, soutenir les hommes qui lui semblaient les plus propres à représenter le peuple dans la grande assemblée qui allait se réunir; en un mot, il déploya le zèle d'un parfait patriote. A ses amis il exposait des projets de constitution, posant en principe la souveraineté du peuple. Tous ses plans portaient la marque d'un bon sens profond, ennemi des exagérations et des utopies. Plus tard il détesta les excès des tyrans de la Révolution comme il avait maudit ceux du pouvoir absolu. Il désirait des réformes profondes, mais acquises sans injustice. Dans la suite, lorsqu'il vit le sang des innocents répandu à flots, il blâma ceux qui le faisaient couler avec une énergie qui faillit plus d'une fois le conduire à la mort. Il n'affichait pas un patriotisme de parade et ne pensait pas que le zèle républicain consistât à porter des cocardes à son chapeau. On lui reprocha un jour de n'avoir pas arboré les insignes de la Révolution. Voici ce qu'il répondit : « Vous n'êtes que des pantins : j'étais patriote que vous étiez encore les plats adorateurs de ceux que vous persécutez actuellement : quand nous aurons la guerre, c'est alors qu'on connaîtra les vrais, les utiles amis de la Révolution : soyez assurés que je ne serai point ici, mais je ne mettrai de cocarde que quand il me plaira, ou que la loi aura parlé. En attendant, si quelques-uns d'entre vous s'en offensent, il n'ont qu'à venir me parler. »

Il eut l'occasion de faire éclater son dévoûment aux institutions nouvelles. Deux régiments en garnison à Belfort, très-attachés encore à la cause du passé, se laissèrent un jour entraîner par leurs officiers contre la municipalité qu'on leur représentait comme séditieuse. Les magistrats allèrent au-devant des troupes, revêtus de leurs écharpes; mais l'émeute ne les respecta pas. Kléber alors se précipita entre les soldats et les magistrats, fit à ces derniers un rempart de son corps et leur sauva la vie par son intrépidité. Puis il provoqua en duel les officiers coupables, les accabla d'injures pour les forcer à se battre, mais n'y réussit pas. L'Assemblée constituante s'occupa de cette affaire, licencia les régiments, et des félicitations furent envoyées à Kléber.

Quand on apprit que l'Europe se préparait à combattre la Révolution, des bataillons de volontaires se rassemblèrent sur tous les points de la France. Kléber n'était plus jeune. Malgré ses quarante ans, il s'engagea comme simple grenadier. On lui conseilla de solliciter le commandement d'un bataillon. Mais il ne voulut faire aucune démarche. Il fut nommé, sans l'avoir demandé, adjudant-major du bataillon qui se formait à Belfort. Le commandant de ces volontaires, Guittard, était un vieillard plein de courage et de patriotisme, mais incapable d'organiser une troupe. Il laissa ce soin à Kléber qui s'en acquitta très-habilement. Le commandant en second, nommé Desmoulins, fut jaloux de l'autorité que prenait l'adjudant-major et faillit le dégoûter encore une fois de l'état militaire. Kléber, mis aux arrêts, songeait à quitter de nouveau l'armée. Mais le commandant en chef fut prévenu à temps. Kléber sortit de prison, et ce fut Desmoulins qui l'y remplaça.

Dès lors la destinée de Kléber fut fixée. Il rentrait dans sa véritable carrière, la seule où son admirable génie pût se déployer tout entier. Il ne servait plus un pays étranger auquel rien ne l'attachait. Le seul sentiment qui l'animât jadis en Autriche était le désir de la gloire et de l'avancement. En s'engageant au service de la France et de la Révolution, Kléber se dévouait désormais à une cause qu'il déclarait sainte. Un enthousiasme désintéressé pour les idées nouvelles devait à l'avenir lui inspirer de grandes actions, et faire un héros de celui qui, en Autriche, n'aurait jamais été qu'un brillant officier.

Après avoir mené son bataillon dans le département de l'Ain, il reçut l'ordre de rejoindre sur le Rhin l'armée de Custine. Il trouvait enfin un théâtre digne de lui. L'on peut regretter que l'occasion d'exercer ses grandes facultés guerrières se soit seulement présentée alors qu'il était déjà dans un âge assez avancé. Mais il remplira si bien le peu d'années qui lui restent encore que sa gloire n'aurait pu être plus grande, quand même sa carrière eût été plus longue.

CHAPITRE II

CUSTINE — SIÉGE DE MAYENCE — AUBERT DUBAYET

GLORIEUSE CAPITULATION.

1793.

C'est en 1793 que la réputation militaire de Kléber commença à s'établir. Il servait sous les ordres de Custine, qui commandait toujours encore l'armée du Rhin. Custine était un général honnête et brave ; il ne manquait pas de certaines qualités militaires ; mais ce n'était pas l'homme qu'il fallait pour résister à une armée de 80.000 Prussiens et Autrichiens qui menaçaient la frontière de l'Est. En présence de ces ennemis, Custine eut une conduite très-indécise. Il ne savait s'il devait garder Mayence qu'il occupait alors, ou bien se porter du côté de l'Alsace. Un beau jour il battit précipitamment en retraite et ne s'arrêta que près de Strasbourg. Il laissait à Mayence une armée de 20.000 hommes qui ne tarda pas à être assiégée par les Prussiens.

3

CUSTINE
NÉ A METZ
EN MIL SEPT CENT QUARANTE
MORT LE VINGT-HUIT AOUT
MIL SEPT CENT QUATRE-VINGT-TREIZE

Ce siége fut un des faits mémorables des guerres de la Révolution si pleines de grands événements. La garnison savait que si Mayence tombait aux mains des ennemis, la route de la France leur était ouverte, et que les malheurs de l'invasion se joindraient à tous les fléaux qui désolaient à ce moment notre infortuné pays. Elle se sentait forte parce qu'elle avait à sa tête des chefs intrépides, Aubert-Dubayet et son ami Kléber qui devint adjudant-général, l'ingénieur Meunier, et les représentants du peuple Merlin de Thionville et Rewbell. Elle ne craignit pas de s'exposer aux plus cruelles privations. La viande manquait; on avait des grains en abondance, mais les ennemis détruisaient les moulins situés sur le Rhin entre la ville et le faubourg de Cassel. Les fourrages ne suffisaient pas pour nourrir 3.000 chevaux. L'artillerie, amenée de Strasbourg avant le siége, était assez forte, mais c'est la poudre qui faisait défaut. Aubert-Dubayet et Kléber, pour remédier à cette détresse, voulurent profiter de ce que les travaux de siége des ennemis n'étaient pas encore avancés. Ils firent de nombreuses sorties d'où les soldats ramenaient d'ordinaire quelques bœufs et quelques vaches. Ces expéditions, ils les accomplissaient la nuit. Une fois un coup de fusil tiré par hasard donna l'éveil aux ennemis ; il s'en suivit quelque désordre. Les

Français se retirèrent non sans confusion. Mais Kléber montra une fermeté admirable, il protégea la retraite et, grâce à lui, les troupes rentrèrent dans la ville sans avoir beaucoup souffert. La vigueur des sorties redoubla lorsque les ennemis poussèrent activement les travaux d'investissement. Ils furent fréquemment interrompus pendant qu'ils établissaient leurs tranchées et leurs parallèles. Les assiégés venaient détruire leur ouvrage et enclouer les canons.

Mais les sorties devinrent de jour en jour plus difficiles et bientôt même impossibles. Une artillerie formidable accablait nos courageux soldats et les forçait à se retirer. Pour se venger de leurs attaques nocturnes, le roi de Prusse faisait bombarder Mayence par deux cents pièces. Des batteries flottantes placées sur le Rhin envoyaient des projectiles du côté du fleuve, côté qui n'était pas bien fortifié, et incendiaient les maisons. L'héroïsme de quelques Français délivra la place de ces redoutables batteries. Ils s'élançaient à la nage sur les bateaux qui portaient les canons, coupaient les câbles, et entraînaient avec eux dans la ville les embarcations et les soldats.

Ne pouvant effrayer les assiégés, les Prussiens cherchèrent à les décourager. Un jour ils leur expédièrent un faux messager qui se disait envoyé par Custine pour ordonner à la garnison de se rendre. La garnison, bien qu'elle ne sût pas que l'ordre était faux, refusa d'obéir. On eut recours à d'autres ruses. Les Prussiens, qui interceptaient toutes les communications, savaient que depuis longtemps les assiégés n'avaient reçu aucune nouvelle du dehors. C'est même ce qui désespérait profondément nos braves soldats. Que devenait la France ? Etait-elle victorieuse ou écrasée par les armées étrangères ? Pourquoi ne venait-on pas à leur secours ? C'était sans doute parce que l'on était battu, et qu'on ne pouvait rien faire pour eux ? L'incertitude était poignante. Peut-être, disaient les soldats, nos amis ont-ils trompé la vigilance des assiégeants et tenté de nous envoyer des nouvelles au moyen de bouteilles qu'ils auraient jetées dans le Rhin, espérant que nous les repêcherions ici. Et ils tendirent dans le fleuve des filets destinés à arrêter ces précieux messages ; jamais ils n'en trouvèrent. Pendant que l'ignorance des événements torturait ainsi nos troupes, leurs ennemis faisaient imprimer à Francfort des contre-façons de journaux français. Dans ces feuilles, ils racontaient que la Convention avait été dispersée par le général Dumouriez, que la République n'existait plus, et que Louis XVII était roi de France. Ils faisaient pénétrer dans la ville ces moniteurs mensongers, persuadés que Kléber, le fier républicain, et ses amis, déposeraient les armes quand ils sauraient qu'ils ne se battaient plus pour la République. Mais les chefs, soutenus par l'énergie des soldats que ces fausses nouvelles désolaient sans les abattre pourtant, refusèrent de capituler.

Aux angoisses morales se joignaient les souffrances physiques. « On manquait presque tout à fait de blé, » dit l'historien de la Révolution, M. Thiers ; « depuis longtemps on n'avait plus que de la chair de cheval ; les soldats mangeaient des rats, et allaient sur les bords du Rhin pêcher les chevaux morts que le fleuve entraînait. Cette nourriture devint funeste à plusieurs d'entre eux ; il fallut la leur défendre et les empêcher même de la rechercher, en plaçant des gardes au bord du Rhin. Un chat valait six francs, la chair de cheval mort, quarante-cinq sous la livre. Les officiers ne se traitaient pas mieux que les soldats, et Aubert-Dubayet, invitant à dîner son état-major, lui fit servir, comme régal, un chat flanqué de douze souris. » Deux mille habitants, pressés par la famine, demandèrent à sortir de la ville. Aubert-Dubayet ordonna qu'on les laissât partir. Mais les Prussiens eurent la lâcheté de tirer sur ces malheureux et en tuèrent un grand nombre. Les Français, émus de pitié, ouvrirent de nouveau les portes aux survivants.

Un jour cependant les représentants du peuple

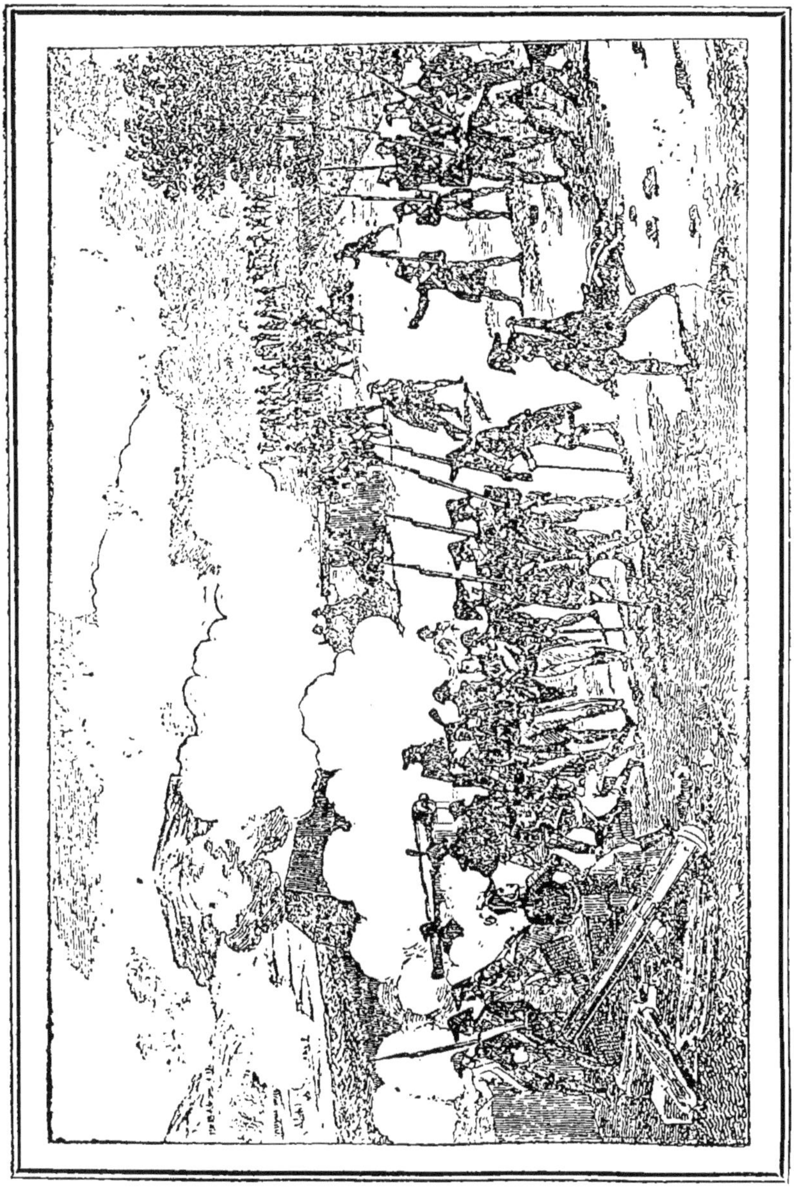

DÉFENSE DE MAYENCE

jugèrent qu'une plus longue résistance serait inutile, et même dangereuse. Ils furent d'avis de ne pas laisser mourir de faim des héros qui pouvaient encore rendre d'éclatants services à la patrie. Si l'on attendait huit jours de plus, on verrait l'armée réduite à la dernière extrémité, et dès lors on serait forcé d'accepter les conditions du roi de Prusse. Des négociations furent ouvertes; les ennemis accordèrent la sortie avec tous les honneurs de la guerre. Une seule condition fut posée, c'est que les 20,000 Français ne combattraient plus, pendant toute une année, les armées alliées. Kléber, auquel il n'était pas facile de faire entendre raison quand il s'agissait de capituler, refusa d'abord d'abandonner Mayence, ainsi que ses troupes. On parvint cependant à les persuader et l'évacuation se fit le 23 juillet 1793. La vue des troupes françaises farouches, amaigries, déguenillées, mais défilant d'un air superbe aux sons du tambour et de la *Marseillaise*, produisit un effet puissant sur les vainqueurs, si toutefois l'on peut donner ce nom à ceux qui eurent l'avantage dans une lutte où il n'y eut pas de vaincus.

Le grand poëte allemand Gœthe fut témoin de ce spectacle. Voici comment il le décrit :

« Nous vîmes le défilé venir à nous dans toute sa solennité. Des cavaliers prussiens ouvraient la marche ; la garnison française suivait. Rien de plus singulier que la manière dont cette marche s'annonçait : une colonne de Marseillais, petits, noirs, bariolés, déguenillés, s'avançait à petits pas ; on eût dit que le roi Edwin avait ouvert sa montagne, et lâché sa joyeuse armée de nains. Ensuite venaient des troupes plus régulières, sérieuses et mécontentes, mais non abattues ni humiliées. Cependant l'apparition la plus remarquable, et qui frappa tout le monde, fut celle des chasseurs à cheval. Ils s'étaient avancés jusqu'à nous dans un complet silence : tout à coup leur musique fit entendre la *Marseillaise*. Ce te Deum révolutionnaire a quelque chose de triste et de menaçant, même lorsqu'il est vivement exécuté; mais, cette fois, les musiciens le jouaient très-lentement, règlant la mesure sur leur marche traînante. L'effet fut saisissant et terrible, et le coup d'œil imposant, quand ces cavaliers, qui étaient tous de grande taille, maigres et d'un certain âge, et dont la mine s'accordait avec ces accents, passèrent devant nous. »

Kléber revint à Paris avec ses soldats. Il eût mérité qu'on lui fît une ovation, lui qui pouvait écrire : « J'ai vécu quatre mois sous une voûte de feu ; j'assistais à toutes les sorties, je résistais à toutes les attaques ». Au lieu de récompenser sa noble conduite, on le mit en prison avec son compagnon d'armes Aubert-Dubayet. A ce moment, tous les généraux étaient en butte aux méfiances les plus injustes. Beaucoup d'entre eux payèrent de leur vie leurs erreurs stratégiques ou leurs malheurs, car les chefs de l'Etat y voyaient des fautes volontaires, des trahisons. Peu s'en fallut que la glorieuse capitulation de Mayence ne fût imputée comme un crime à Kléber et qu'il ne partageât le sort de Custine qui devait être condamné à mort après un procès célèbre. Il dut son salut à Merlin de Thionville qui rendit un éclatant hommage à sa bravoure. L'armée menaçait d'aller délivrer elle-même ses chefs si on ne les relâchait aussitôt. Le Comité de Salut Public reconnut son injustice. Les défenseurs de Mayence furent retirés de prison et Kléber obtint le grade de général de brigade. Le premier usage qu'il fit de sa liberté fut de prendre cause pour Custine, son malheureux général en chef. Un tel courage l'exposait à de nouvelles accusations. Son éloquence fut vaine : Custine périt sur l'échafaud.

CHAPITRE III

LA GUERRE DE VENDÉE — ENTRÉE DES MAYENÇAIS A NANTES — PILLAGE DE PORT-SAINT-PÈRE COMBAT DE TORFOU — MARCEAU — BATAILLE DE CHOLET — DÉFAITE D'ENTRAMES — BEAUPUY — BATAILLE DU MANS — VICTOIRE DE SAVENAY

1793

Comme les Mayençais (c'est le nom qu'on donnait aux héros du siége) ne pouvaient en vertu de la capitulation se battre contre les ennemis du dehors, on les envoya dans la Vendée révoltée rejoindre les armées de la Convention. Kléber aurait eu les qualités nécessaires pour pacifier le pays. Il fallait combattre une malheureuse population aveuglée par ce qu'elle croyait être du dévoûment à la patrie, sincèrement persuadée qu'elle défendait les idées et les principes d'où dépendait le bonheur public, mais qui eut le très-grave tort d'oublier que, lorsque l'ennemi est aux portes d'un pays, le gouvernement qui existe est le bon, et que l'on commet un crime si l'on n'étouffe les discordes de partis dans une même haine contre l'étranger. Une idée étroite de la patrie égarait les rebelles. Ils ne la concevaient que comme elle leur était apparue dans le passé, c'est-à-dire incarnée en quelque sorte dans la personne du roi. Le régime nouveau leur semblait une institution monstrueuse. Parce que des hommes violents ensanglantaient la France, ils condamnaient et détestaient la République qui leur paraissait se fonder par le meurtre et la tyrannie. Ils regardaient comme des bandits déchaînés par une puissance infernale les soldats envoyés pour les soumettre, ceux qu'ils appelaient les bleus.

Au génie militaire, Kléber joignait la tolérance et la bonté, qualités indispensables dans une guerre pareille. Il voyait qu'il ne suffisait pas de vaincre les révoltés par la force, et qu'il fallait détruire, non-seulement leurs armées, mais encore leurs préjugés. Si l'on s'imposait par la contrainte, les passions continueraient à gronder sourdement et pourraient éclater de nouveau d'un jour à l'autre. Il fallait persuader les esprits et gagner les cœurs. Il fallait faire voir que la République n'était pas un monstre altéré de sang, mais une institution salutaire qui supprimerait les abus de l'ancien régime et répandrait de grands bienfaits parmi les peuples, enfin que les républicains étaient des hommes, des *hommes humains*, comme on disait alors, et qu'ils pouvaient donner l'exemple des plus belles vertus. Malheureusement le commandement suprême appartenait à d'autres qu'à Kléber ; il ne lui était pas possible d'imposer ses idées à ses supérieurs. Du moins il se promit d'appliquer pour sa part un système qui lui parut excellent et qui plus tard devait si bien réussir au général Hoche.

Les Mayençais furent conduits en poste jusqu'à Tours ; c'est là que Kléber les rejoignit.

Deux armées faisaient alors la guerre aux Vendéens. L'une, celle des côtes de la Rochelle, était commandée par Rossignol, fougueux patriote, mais détestable général. L'autre, celle des côtes de Brest avait pour chef Canclaux, un ancien noble qui n'avait pas rougi de mettre son épée au service de la République. Rossignol était établi à Saumur, Canclaux à Nantes. Les deux chefs se disputèrent le renfort des Mayençais parmi lesquels les plus vivement attendus étaient deux corps de tirailleurs, célèbres sous le nom de *chasseurs de Cassel* et de *légion des Francs*. Un conseil fut tenu à Saumur. On y décida que les Mayençais se joindraient à l'armée de Canclaux et se dirigeraient sur Nantes. Kléber fut enchanté de cette résolution. Il avait une profonde estime pour Canclaux, qui s'était montré aussi brave qu'habile et avait déjà remporté plusieurs succès dans cette guerre. Sa joie lui aliéna Rossignol qui, dès ce moment, conçut une haine violente contre les Mayençais, et les calomnia constamment auprès de la Convention.

De Saumur à Nantes, la marche de Kléber fut un véritable triomphe. A Saumur, à Angers, on offrit à ses troupes des couronnes qu'il fit attacher aux drapeaux. A Ancenis, il reçut l'ordre de faire un détour afin d'éviter une forte batterie vendéenne située sur une hauteur. Ses soldats murmurèrent disant « qu'ils avaient entendu bien d'autres musiques que celle-là. » Il obéit à contre-cœur. Le 6 septembre il entrait à Nantes. On fit à ses troupes la réception la plus flatteuse. Les magistrats et la population se portèrent au-devant d'elles. La joie de toute la ville montra que l'on comptait sur les Mayençais pour obtenir une prompte fin de la guerre.

Le lendemain les Vendéens aperçurent pour la première fois ces terribles adversaires, et, dès ce jour, ne les appelèrent plus en riant les *soldats de faïence*. Les habitants de Nantes donnaient une fête aux nouveaux arrivés. Une grande revue des troupes eut lieu.

« Canclaux », dit Kléber dans ses mémoires, « fit développer l'armée en ordre de bataille dans une

VUE DE SAUMUR

prairie, presque sur le bord de la Loire, pour que l'ennemi posté sur l'autre rive pût être spectateur d'une scène qu'il devait regarder comme un présage de sa destruction prochaine. La troupe étant rentrée, Merlin (celui qui avait été avec Kléber à Mayence) proposa, comme promenade d'agrément, d'aller reconnaître un poste ennemi établi dans les environs de Saint-Sébastien. Il y fut accompagné par plusieurs représentants, officiers généraux et autres : ils y furent accueillis par un beau feu de file. Merlin met pied à terre, saute dans la canonnière établie pour défendre le passage de la Loire et riposte par quelques coups de canon. Après ce petit jeu militaire, on se rendit au banquet préparé par la ville. »

Il avait été décidé dans le conseil tenu à Saumur que l'armée des côtes de Brest marcherait de Nantes sur Mortagne où devait se faire la jonction de toutes les troupes républicaines. On comptait écraser les Vendéens du côté de Cholet.

Le 10 septembre l'armée de Canclaux, divisée en trois colonnes, se mit en route. Kléber était en tête ; il commandait l'avant-garde de la division de Mayence. C'était un poste difficile où la prudence était nécessaire. Il avait à traverser un pays fort accidenté où toutes sortes d'obstacles naturels favorisaient les embûches des Vendéens. C'étaient partout des collines, des ravins, des chemins creux bordés de haies, de sombres bois de genêts d'où l'ennemi invisible tirait à coup sûr, et dans lesquels il disparaissait dès qu'on s'apprêtait à le poursuivre. La Vendée n'avait pas encore de routes ; il n'était pas aisé d'atteindre les rebelles qui connaissaient tous les replis du terrain et jusqu'aux moindres sentiers. Dumouriez, qui parcourait un jour ce pays, avait dit : « Si j'avais à faire la guerre civile, c'est ici que je viendrais. » Kléber prit les plus grandes précautions pour se garder de toute surprise, le jour comme la nuit. Sa marche prudente lui fait autant d'honneur qu'une victoire.

Au premier village où ils s'arrêtèrent, à Port-Saint-Père, ses soldats se livrèrent au pillage. Kléber prit les mesures les plus énergiques pour empêcher à l'avenir de semblables désordres. Il lui fallut faire de grands efforts. « Ce qui m'occasionna le plus de peine, dit-il, ce fut d'empêcher le soldat de se jeter dans les villages et dans les campagnes des environs pour se livrer au pillage dont la troupe avait déjà pris le goût à Port-Saint-Père. » Il ne voulait pas que des vexations fussent exercées contre les habitants d'une terre française. D'ailleurs, une discipline rigoureuse était nécessaire dans cette contrée où l'on avait sans cesse à redouter des attaques imprévues.

Partout cet homme si rude en apparence, ce

soldat si ferme, donnait les marques d'une grande humanité. Il était sensible aux charmes des paysages qui s'offraient à ses regards, et se désolait en songeant que la guerre civile allait ensanglanter ces jolies contrées. Voici ses impressions, lorsqu'il eut quitté Port-Saint-Père. « Après deux heures de marche, dit-il, par un pays très-couvert et très-coupé, nous entrâmes dans la vaste et fertile plaine de Sainte-Lumine, ayant à gauche le beau lac de Grand-Lieu, à droite une forêt qui n'était pas encore dépouillée de sa verdure. Devant nous s'offraient des paysages charmants, des échappées de vues aussi agréables que multipliées. Sur une prairie immense erraient au hasard de nombreux troupeaux abandonnés à eux-mêmes. Je ne pus m'empêcher de gémir sur le sort de ces infortunés habitants qui, égarés et fanatisés par leurs prêtres, repoussaient les bienfaits d'un nouvel ordre de choses, pour courir à une destruction certaine. »

Jusqu'à ce moment les trois colonnes de l'armée de Canclaux n'avaient remporté que des succès ; elles refoulaient l'ennemi devant elles et se dirigeaient sur Mortagne, comme il avait été convenu. Mais Rossignol, qui devait arriver du côté de Saumur, n'avait fait que de mauvaises manœuvres, et ses quatre divisions s'étaient laissé battre. Canclaux se trouvait de la sorte au milieu du pays ennemi, disposant de forces insuffisantes pour résister à la masse des Vendéens. Kléber, qui était toujours en avant, se heurta à Torfou contre les troupes réunies des meilleurs chefs des révoltés, de Bonchamp, de Lescure et de Charette. Il n'avait que 2,000 hommes à opposer à 20,000 Vendéens. Une charge de cavalerie fit d'abord plier l'armée de Charette. Mais Lescure rétablit le combat en faisant avancer ceux qu'on appelait les grenadiers de la Vendée, et en ordonnant à Bonchamp d'attaquer la réserve des Mayençais. Ceux-ci, entendant une vive fusillade derrière eux, se crurent cernés. A ce moment Kléber, qui, quoique blessé à l'épaule, restait au milieu de l'action, faisait faire un mouvement en arrière à l'aile droite de sa petite armée. Cette manœuvre trompa les autres bataillons qui s'imaginèrent que l'on reculait. Kléber ne put les maintenir et dut ordonner la retraite. Il fallait à tout prix empêcher les ennemis d'occuper le pont de Boussay. Kléber y envoya le lieutenant-colonel Schwardin avec le bataillon des chasseurs de Saône-et-Loire. « Tu t'y feras tuer, lui dit-il, mais tu sauveras tes camarades. » Schwardin périt après une lutte acharnée, mais grâce à son courage héroïque la retraite fut possible. Cette journée de Torfou fut plus glorieuse pour les vaincus que pour les vainqueurs. Kléber avait dû faire le sacrifice de son artillerie ; mais

KLÉBER ORDONNE A SCHWARDIN DE SE FAIRE TUER
POUR SAUVER SES CAMARADES.

du moins il avait dérobé ses 2,000 hommes à la fureur des Vendéens qui voulaient les exterminer. Il ne soigna sa blessure que lorsque tout danger fut écarté. Quelques jours plus tard, la seconde colonne de l'armée de Canclaux, commandée par Beysser, était vigoureusement attaquée par les vainqueurs de Torfou. Beysser fut défait et toute l'armée dut revenir à Nantes.

Elle ne tarda cependant pas à se remettre en campagne. Les Mayençais, que Rossignol avait accusés de lâcheté, brûlaient de reconquérir leur gloire. Avant la fin du mois de septembre ils étaient déjà revenus du côté de Saint-Fulgent. Au village de Treize-Septiers ils rencontrèrent une forte troupe d'ennemis. « Jaloux de réparer ce qu'on avait appelé un échec, dit Kléber, de regagner ce que j'avais perdu dans l'estime de ceux qui considéraient ainsi mon affaire de Torfou, j'étais, comme tout mon état-major, décidé à rester sur le champ de bataille ou à ne le quitter que victorieux. Quelques soldats s'écrièrent : « Mais, général, nous n'avons pas de canons... — Non, répondis-je vivement, mais nous allons chercher ensemble ceux que nous fûmes contraints d'abandonner à Torfou. » Un bravo général servit de réponse ; aux dispositions que je remarquai dans les troupes, je vis qu'elles allaient se couvrir de gloire. » En effet, la déroute des Vendéens fut complète et Kléber put écrire dans son rapport : « C'est l'armée d'Elbée et de Bonchamp que nous avons battue, cette armée qu'on annonçait toujours être précédée de la victoire ! tant il est vrai que rien n'est impossible à l'homme qui veut sincèrement ce qu'il veut. Nous avions juré de ne revenir que victorieux, nous n'avons pas faussé notre parole. »

La joie de ce succès fut gâtée par la nouvelle de la destitution de Canclaux et d'Aubert-Dubayet. Ils avaient tous deux le tort d'être nobles. Kléber aimait beaucoup Dubayet ; aussi sa colère fut-elle grande. L'armée ne fut pas moins irritée du rappel de deux chefs qu'elle estimait profondément.

En attendant qu'un nouveau commandant en chef arrivât, les officiers, les soldats et les Représentants désignèrent Kléber pour succéder à Canclaux. Il reçut l'avis suivant : « Il est ordonné au général de brigade Kléber de prendre le commandement en chef provisoire de l'armée et de se faire reconnaître de suite en cette qualité. » Kléber n'accepta qu'à regret. Comme nous le verrons, il eut toujours une répugnance invincible pour le commandement en chef. Ce n'est pas qu'il se défiât de lui-même et qu'il doutât de ses capacités. Mais dans ces temps de surveillances jalouses et de suspicion perpétuelle, il se trouvait à la fois plus sûr et plus indépendant au second rang ; observé moins attentivement, il avait des allures plus libres, tout en pouvant influer par ses conseils sur la marche des événements.

Le choix du Comité de salut public fut déplorable. Il envoyait en Vendée l'incapacité même dans la personne de Léchelle. Cet homme n'avait jamais été soldat, mais il s'était fait remarquer dans les clubs comme un démagogue violent. Lorsqu'il arriva, les Représentants chargèrent Kléber de lui exposer la situation de l'armée, les résultats des opérations précédentes et la partie du plan de campagne qui restait encore à exécuter. Kléber lui soumit ses projets. Quand il eut fini, Léchelle, qui n'y avait rien compris, se mit à dire : « Oui, tout cela est fort de mon goût, mais c'est sur le terrain qu'il s'agit de se montrer. Il faut marcher en ordre, *majestueusement et en masse.* » A ces mots, Kléber se leva et replia froidement sa carte. « Qu'est-ce qu'on nous a envoyé là? » demanda Beaupuy, le vaillant général de brigade. — « Ce qu'il y a de plus inepte », répliqua Merlin. Léchelle apprit quelques jours plus tard que l'île de Noirmoutier, c'est-à-dire un port de mer par lequel les Vendéens pouvaient entrer en relation avec les Anglais, recevoir d'eux de l'argent et des armes, était tombée au pouvoir de Charette. Tous les généraux étaient désolés de la perte de cette île. « Qu'est-ce donc que Noirmoutier ? » demanda naïvement Léchelle.

Stupéfaits de tant d'ignorance, les représentants chargèrent Kléber de diriger les opérations ; seulement, pour sauver les apparences, il devait rendre compte de ses actions au général en chef. Léchelle, paresseux et poltron, s'accommoda sans peine de cette disposition.

En même temps que Léchelle partait pour la Vendée, la Convention décrétait la réunion des deux armées qui s'y battaient en une seule, nommée l'*Armée de l'Ouest*, et, dans une proclamation fameuse, enjoignait aux troupes d'exterminer les rebelles avant la fin d'octobre.

Sous la direction de Kléber la guerre fut menée avec une vigueur nouvelle. Le 15 octobre il était à Mortagne, un des foyers de la révolte. La ville était évacuée ; Kléber en repartit aussitôt pour se porter sur Cholet. Il devait en route se joindre à une division qui arrivait de Luçon sous les ordres de Bard et du jeune Marceau. Ces deux chefs sont surpris non loin de Mortagne, au château de la Tremblaie, par une troupe nombreuse de Vendéens. Bard est tué dès le commencement de l'action. Marceau le remplace, mais il n'avait pas assez d'hommes. Il était dans le plus grand embarras lorsque Beaupuy vint à son secours avec une partie des soldats de Kléber. Marceau redouble d'énergie ; les Vendéens reculent ; des renforts leur arrivent, mais ils sont de nouveau repoussés. Alors ils s'enfuient vers Cholet, emportant leur chef Lescure grièvement blessé.

La nuit tombait au moment où Beaupuy et Marceau rejoignaient le gros de l'armée de Mayence. Un certain désordre régnait autour de Kléber. Il n'avait pas eu le temps de reformer ses compagnies et ses bataillons avant la nuit. Ne sachant si les Vendéens s'étaient enfuis bien loin, il craignait qu'ils ne profitassent de la confusion de ses troupes pour tenter une attaque nocturne et recommandait à tous ses officiers une extrême vigilance. Pendant que toutes ces préoccupations l'agitaient, Marceau se présenta chez lui. Depuis longtemps le jeune héros admirait Kléber et désirait le voir. Sa belle intelligence avait compris le génie du défenseur de Mayence et du vainqueur de la Vendée. Ce qu'on lui avait raconté de ce grand guerrier, à la fois si habile et si courageux, terrible pour les ennemis et en même temps magnanime, enthousiaste partisan de la Révolution, mais équitable et tolérant dans sa fougue républicaine, tout cela séduisait son imagination; Kléber lui apparaissait comme un demi-dieu; il brûlait de lui exprimer son admiration. Pressé par ce désir, il ne voulût pas, le soir de sa victoire, s'endormir avant d'avoir parlé à cet homme merveilleux. Il le trouva assis à un feu de bivouac, dans un champ. Kléber l'accueillit fort mal et lui reprocha de n'être pas à son poste lorsque tant de dangers menaçaient les soldats. « Retournez-y, lui dit-il ; nous aurons plus tard tout le temps de faire connaissance. »

Marceau avait l'âme trop grande pour s'offenser de cet accueil. Le lendemain, du reste, il n'eut plus à se plaindre de Kléber qui le reçut à bras ouverts et fit entièrement oublier ses paroles sévères de la veille. Ce jour-là se formait entre les deux héros une amitié que rien ne put jamais troubler et qui, soutenue par une admiration réciproque, dura jusqu'à ce que la mort les séparât. Bien que Kléber eût seize ans de plus que Marceau, l'union n'aurait pu être plus parfaite. Ils vécurent et luttèrent ensemble, rivalisant de génie, de courage et de grandeur.

Tous les deux devaient s'illustrer le jour suivant à la fameuse bataille de Cholet. L'armée de Saumur dont Rossignol avait laissé le commandement à Chalbos, un vieux soldat, venait de se joindre à celle de Kléber. Toutes les troupes républicaines étaient ainsi réunies, au nombre de 30.000 hommes environ. Derrière Cholet se trouvaient 40.000 Vendéens. Kléber proposa un plan d'attaque qui fut approuvé par Marceau, les chefs de Mayence et Merlin de Thionville. Mais Léchelle, fidèle à son système, voulut qu'on marchât « majestueusement et en masse ». Tout à coup les Vendéens attaquèrent avec une fureur inouïe Beaupuy qui se trouvait à l'avant-garde. Cette fois, au lieu de se disperser dans les haies et de se jeter par bandes sur les ennemis, ils marchaient en colonne serrée avec une intrépidité qui étonnait l'imperturbable Beaupuy lui-même. Il s'élança contre eux avec sa cavalerie et fut repoussé. La mêlée était affreuse. Beaupuy faillit tomber aux mains des Vendéens; il entendait crier: « Prenez-le; c'est le général; ne le tuez pas! » Sa troupe reculait. Kléber envoie à son secours une division de Chalbos; mais les anciens soldats de Rossignol, aussi mauvais que ce général, prennent peur et s'enfuient. Beaupuy lutte toujours. Alors Kléber s'élance lui-même avec quelques bataillons. Il amène à Beaupuy le 109e régiment qui s'avance, musique en tête. La *Marseillaise* électrisa les républicains. Leur attitude terrible et magnifique jeta l'épouvante au milieu des Vendéens. Beaupuy se précipita de nouveau sur eux. La Rochejacquelein fit des prodiges de valeur, il dut reculer et Beaupuy le poursuivit.

Après avoir rétabli le combat sur ce point, Kléber se porta rapidement sur le centre où il entendait une vive canonnade. C'était Marceau qui avait une fois déjà repoussé les Vendéens de ce côté. Ils revenaient à la charge, lorsque Marceau fit avancer l'artillerie, mais en prenant soin de la mas-

BEAUPUY
NÉ A MUSSIDAN - DORDOGNE -
EN MDCCLVII
TUÉ AU COMBAT D'EMANDINGHEN
LE XIX OCTOBRE MDCCXCVI

quer. L'ennemi n'était plus qu'à une demi-portée de fusil. Alors les rangs des républicains s'ouvrent ; les Vendéens voient les gueules des canons dirigées contre eux ; la mitraille les renverse par files entières. Ils s'arrêtent, s'ébranlent et s'enfuient. Marceau s'élance à leur poursuite ; Kléber se joint à lui. La victoire fut complète ; les ennemis se sauvaient en toute hâte et dans le plus grand désordre du côté de Beaupréau . Kléber devait attaquer ce poste le lendemain. Comme la nuit tombait et qu'il voulait ménager les forces de ses soldats, il fit battre la générale et ordonna de rentrer au camp. Mais l'infatigable Beaupuy ne s'était pas encore arrêté ; il poursuivit les vaincus jusqu'à Beaupréau et s'empara de ce poste la nuit même.

« Ainsi se termina », dit Kléber, « cette sanglante et mémorable journée. Le combat avait duré quatre heures. D'Elbée et Bonchamp furent grièvement blessés : jamais ils n'ont donné un combat si opiniâtre, si bien ordonné, mais qui leur fût en même temps si funeste. Les rebelles combattaient comme des tigres, et nos soldats comme des lions. »

A la suite de cette victoire, les représentants nommèrent Kléber général de division, et Marceau général de brigade. Léchelle s'était tenu à l'écart tant que la bataille avait duré. Il envoya néanmoins au Comité de Salut public un rapport

« dégoûtant de mensonges », disait Kléber, où il prétendait rendre compte de ses opérations. Quant aux résultats de cette journée, il les exagérait singulièrement. Voici ce que ses amis écrivaient à la Convention : « Une solitude profonde règne actuellement dans le pays qu'occupaient les rebelles. On ferait beaucoup de chemin dans ces contrées avant de rencontrer un homme et une chaumière ; nous n'avons laissé derrière nous que des cendres et des monceaux de cadavres. » Kléber, qui, cependant, aurait pu être ébloui de sa victoire, tenait un langage plus modeste et ne cherchait pas à grossir son succès. Tandis que Merlin lui-même écrivait à Paris : « Vive la République ! la Vendée n'existe plus ! » Kléber montrait encore de grandes préoccupations et disait que la guerre ne ferait que changer de théâtre.

Le lendemain de la journée de Cholet, il se dirigea sur Beaupréau pour disperser l'armée défaite. En route il vit environ quatre mille hommes se précipiter à sa rencontre en criant : « Vive la République et Bonchamp ! » C'étaient des prisonniers que les Vendéens allaient fusiller, mais dont Bonchamp, frappé à mort, avait obtenu la grâce.

Kléber apprit en même temps que les Vendéens vaincus passaient la Loire à Saint-Florent. Ils emmenaient leurs femmes et leurs enfants, décidés à continuer la lutte sur la rive droite du fleuve. Kléber avait raison : la guerre n'était pas finie ; elle allait recommencer en Bretagne.

Léchelle était d'avis de poursuivre les vaincus « sans relâche et sans les perdre de vue », de de marcher « majestueusement et en masse » sur Saint-Florent où l'armée traverserait la Loire, comme l'avaient fait les Vendéens. Kléber se doutait bien que l'ennemi n'aurait pas laissé de barques à la disposition des républicains et qu'il serait impossible dès lors d'opérer le passage. Il jugea meilleur de garantir Angers et Nantes contre les tentatives désespérées des vaincus et de ne les poursuivre qu'après s'être assuré la possession de ces deux villes. On se rendit à ses vues. La division de Luçon et les soldats de Beaupuy furent envoyés sur Angers ; Kléber prit le chemin de Nantes.

A peine arrivées dans les deux postes, les troupes harassées et exténuées reçurent de Léchelle l'ordre de se porter immédiatement sur Château-Gontier où les Vendéens s'étaient rassemblés. Beaupuy se mit aussitôt en route avec la légion des Francs et la cavalerie de Westermann. Celui-ci, emporté par une ardeur intempérante, ne laissa pas aux soldats le temps de se reposer à Château-Gonthier et se jeta sur les Vendéens au milieu de la nuit. Beaupuy voulut en vain réparer la faute de son compagnon d'armes. Les troupes tombaient de lassitude et furent heureuses de n'être pas trop inquiétées dans leur retraite.

Kléber arriva le jour suivant avec une armée non moins épuisée. Grâce à la précipitation de Léchelle, on se trouvait sans vivres et sans vêtements. Kléber voulait qu'on laissât quelque repos aux soldats que des fatigues et des privations, faciles à éviter pourtant, commençaient à irriter. Il fit revenir Westermann qui était déjà parti en avant sur la route de Laval.

On réunit un conseil pour concerter l'attaque de cette ville. Léchelle dormait pendant que Kléber démontrait la nécessité de laisser reposer encore les troupes et d'attaquer ensuite Laval en faisant avancer l'armée en deux colonnes sur chaque rive de la Mayenne. Le lendemain matin, Léchelle donnait de nouveau l'ordre de se mettre en route aussitôt, toujours « majestueusement et en masse. » L'armée ennemie était rangée en bataille, sur la hauteur d'Entrames. Pendant que Kléber déploie ses bataillons, Léchelle compromet tout en arrêtant une division qui devait déborder la gauche de l'ennemi, et en rappelant Westermann d'un point très-important où les Vendéens s'établirent. « Bientôt la déroute se met, dit Kléber, non dans ma division qui se battait, mais dans celle qui ne se battait pas ; Léchelle, le lâche Léchelle, donne lui-même l'exemple de la fuite. Le soldat, qui a toujours un œil sur le dos, s'apercevant que la seconde division est en fuite, s'ébranle aussitôt pour la suivre. Cris, exhortations, menaces sont vainement employés ; le désordre est à son comble, et pour la première fois je vois fuir les soldats de Mayence ! » Bloss, un de leurs chefs, ne voulut pas survivre à cette déroute ; il se jeta au milieu des Vendéens et se fit tuer. Beaupuy a le corps traversé par une balle. « Qu'on me laisse ici, crie-t-il en tombant, et qu'on porte ma chemise sanglante à mes grenadiers ! « La déroute fut complète ; les républicains perdirent plus de mille hommes ; les Mayençais avaient laissé tous leurs canons à l'ennemi. Quand Léchelle osa de nouveau se présenter à l'armée, les soldats révoltés se mirent à crier : « Vive Kléber ! A bas Léchelle ! Vive Dubayet ! qu'on nous le rende ! » Dînant le soir avec son état-major, il attribua sa défaite à la trahison, « à l'or de Pitt. » Kléber se levait pour lui répondre, mais ses amis le retinrent. « Chacun ayant le sourire du mépris sur les lèvres, que me restait-il à dire ? » écrivait-il plus tard dans ses mémoires.

Léchelle, ainsi couvert de honte, ne pouvait rester à l'armée. Les Représentants obtinrent son rappel sous prétexte qu'il avait besoin de refaire sa santé. Léchelle se retira à Nantes où il mourut bientôt après : il n'avait cessé d'envoyer au Comité de salut public les dénonciations les plus malveillantes contre les Mayençais et contre Kléber. Mais les Représentants prirent la défense du vaillant général, le justifièrent, et lui offrirent le commandement en chef. Nous savons que Kléber était décidé à ne jamais accepter cette charge. Sur son refus formel, les Représentants choisirent le général de division le plus vieux. C'était Chalbos, qui avait quarante ans de service.

Sur les prières pressantes de Kléber l'armée fut ramenée à Angers où elle devait être réorganisée. Le Comité de Salut Public y envoya l'ordre de dissoudre l'armée de Mayence, compromise par les dénonciations de Léchelle. Kléber sentait que cette mesure était dirigée contre lui. Cependant il obéit et sut même tirer un grand avantage de la dissolution de sa chère armée. Il rassembla les vaincus et les fuyards d'Entrames, forma de nouvelles brigades, et mit à la tête de chacune d'elles des bataillons de Mayençais. Il introduisait de la sorte des éléments de force et de courage au milieu des troupes réputées les plus mauvaises. Il fit distribuer aux soldats des souliers, des vivres en grande abondance et du vin. Six jours de repos leur rendirent leur ancienne ardeur. Ils quittèrent Angers le 7 novembre, et marchèrent sur Rennes. Là ils trouvèrent leur ancien comman-

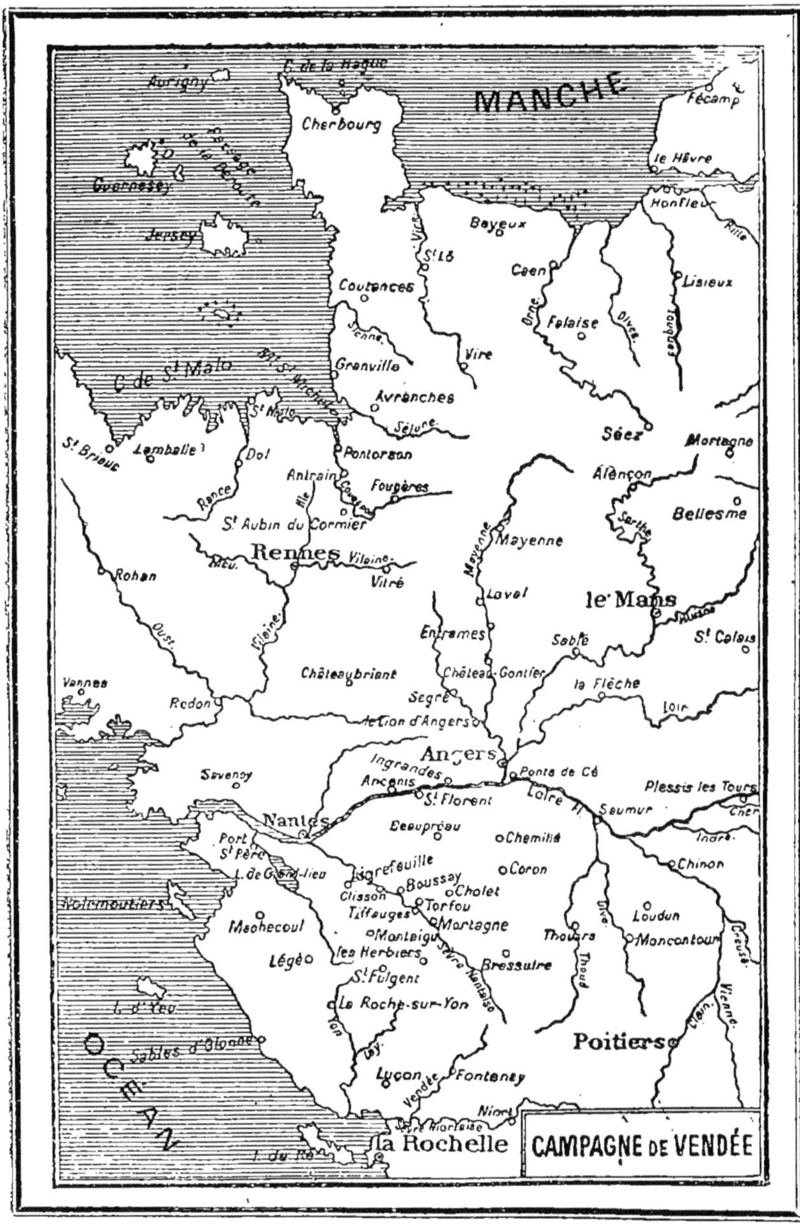

CARTE DE LA CAMPAGNE DE VENDÉE

dant en chef, Rossignol, que la Convention renvoyait en Vendée, et de nouveaux Représentants dont l'un, Prieur de la Marne, était hostile à Kléber.

Les Vendéens avaient entamé des négociations avec les Anglais. Ils devaient s'emparer de Granville où une flotte anglaise leur amènerait des renforts. Ils dirigèrent donc une attaque contre ce port de mer. Mais la garnison, commandée par le général Peyre, et animée par le représentant Lecarpentier, résista très-énergiquement. Les Vendéens essayèrent plusieurs fois d'escalader les remparts ; à la fin, désespérés, ne voyant pas venir les Anglais, ils abandonnèrent le siége et résolurent de rentrer dans leur patrie, qu'ils se repentaient amèrement d'avoir quittée. Une armée venant de Cherbourg les harcelait par derrière ; par devant, 4000 hommes venus de Brest les attendaient au défilé de Pontorson, par lequel il était nécessaire de passer. Tribout, le commandant de la troupe de Brest, se défendit très-mal et les Vendéens forcèrent le passage. Mais toute l'armée de l'Ouest était encore devant eux, s'opposant à leur rapatriement. Kléber proposa un plan terrible qui devait amener leur destruction totale. Par une suite d'opérations faciles et sûres, on devait refouler les Vendéens vers la mer, leur couper toute retraite et les exterminer jusqu'au dernier. Son projet fut accueilli avec enthousiasme. Prieur de la Marne fut un de ceux qui admirèrent le plus les combinaisons de Kléber.

Tout à coup, une ordonnance de Westermann arrive, annonçant que les Vendéens étaient à Dol dans le plus grand désordre, et que Westermann allait, à la faveur de la nuit, les y massacrer tous. Les Représentants oublient aussitôt le plan qu'ils viennent d'approuver, et envoient Marceau pour soutenir Westermann. Mais celui-ci, qui croyait surprendre les Vendéens, les trouve tous sur leurs gardes. Ses attaques sont infructueuses, et il se fait repousser avec perte. Marceau, de son côté, tombe sur le gros de l'armée ennemie; il ne peut soutenir la lutte et ses hommes s'enfuient.

Rossignol, sous le coup de cette défaite, eut un bon mouvement. Il vint au milieu des généraux, leur déclara qu'il n'était pas capable de commander une armée, et offrit sa démission disant que, si on ne l'acceptait pas, on serait l'ennemi de la République. Prieur de la Marne refusa de l'accepter; il rejeta tous les torts sur les généraux de division; ses insinuations les plus méchantes étaient dirigées contre Kléber.

Mais tant de malveillance ne découragea pas Kléber. Pour conjurer les nouveaux revers il proposa une meilleure organisation de l'armée. Ne pouvant enlever le commandement en chef à Rossignol, il voulut du moins rendre cette charge purement nominale, en faisant nommer « un commandant de toutes les troupes » Il demanda qu'un second général fût désigné pour commander la cavalerie, un autre pour l'artillerie, et un quatrième pour garder l'importante place de Rennes. C'est Marceau qui, sur ses instances, fut nommé « commandant de toutes les troupes » — « Dès lors, dit Kléber, je me sentis allégé d'un grand fardeau. J'étais certain qu'il n'entreprendrait rien sans s'être concerté avec moi. Marceau était jeune, actif, plein d'intelligence, d'audace. Plus froid que lui, j'étais là pour le contenir. Nous prîmes l'engagement de ne point nous quitter jusqu'à ce que nous eussions ramené la victoire sous nos drapeaux. »

Les Vendéens avaient pu se faire un chemin pour retourner dans leur patrie, parce qu'on n'avait pas écouté Kléber. Un beau jour on apprit qu'ils attaquaient Angers. Marceau, qui était alors à Châteaubriant, le fit vite savoir à Rossignol resté à Rennes. Rossignol répondit qu'il arriverait lui-même sur-le-champ. Marceau l'attendit donc. Mais Rossignol n'arriva que trois jours plus tard. Une lettre d'Angers disait que sans l'envoi immédiat d'un renfort la place tomberait au pouvoir de l'ennemi. Les Représentants reprochèrent à Rossignol de n'avoir pas fait avancer l'armée au secours de la ville. Rossignol rejeta la faute sur

Marceau. Le jeune général n'eut pas de peine à se justifier, mais comme les Représentants n'osaient adresser un blâme sévère à Rossignol, Prieur de la Marne dit à Marceau : « Nous savons que c'est moins ta faute que celle de Kléber qui t'a conseillé ; demain nous établirons un tribunal pour le guillotiner. »

Par bonheur la place d'Angers, commandée par l'héroïque Beaupuy guéri de sa blessure d'Entrames, résista longtemps, et Marceau vint à temps pour la délivrer. Pendant qu'il y était, il reçut une lettre du Comité de Salut Public annonçant que Rossignol était rappelé et aurait pour successeur un des chefs de l'armée des Pyrénées, nommé Turreau. En attendant, Marceau devait prendre le commandement en chef ; Kléber était destitué. Marceau était en proie au plus vif chagrin quand une seconde lettre vint lui permettre de ne pas renvoyer Kléber « qui pouvait, disait-on, rendre encore quelques services ». Les deux amis se partagèrent le pouvoir ; Kléber devait diriger toutes les opérations. « Je garde pour moi, disait Marceau, toute la responsabilité, et je ne demande que le commandement de l'avant-garde au moment du danger. — J'y consens, répondait Kléber, nous serons guillotinés ensemble. »

Ils n'auraient peut-être pas tardé à l'être, grâce à Rossignol, si leurs succès ne les avaient sauvés.

Ils empêchèrent les ennemis de repasser la Loire, les chassèrent vers Saumur, de là vers La Flèche, et les atteignirent au Mans. Westermann, toujours emporté par son audace, s'élance dans la ville et fait un grand carnage de Vendéens. Marceau le suivit sans attendre Kléber qui était encore assez loin de lui. La nuit tombait, l'ennemi accablait les républicains en tirant par les fenêtres. Marceau craignait une surprise nocturne : entouré de dangers, il envoyait des courriers à Kléber pour le supplier de presser sa marche. « Marceau a fait une faute, disait Kléber; il n'est pas mauvais qu'il le sente, mais courons le tirer de là. » Il continua rapidement sa route, bien que ses soldats fussent épuisés de fatigue, et rejoignit encore Marceau dans la nuit. Dès le matin, les républicains se précipitent sur les ennemis qui se sauvent par la route de Laval. Dans la ville un carnage affreux commence; les Représentants excitent les troupes au massacre ; Kléber et Marceau ne peuvent s'opposer à ces cruautés et doivent se contenter de sauver quelques vies.

Ils furent au milieu de tant d'horreurs les héros d'un épisode bien touchant. Une jeune fille fort belle, Blanche des Mesliers, venait d'apprendre que sa mère et son frère avaient été égorgés ; folle de douleur, elle se jetait au-devant des républicains pour se faire tuer aussi. Kléber et Marceau, vivement émus, l'accueillirent avec bonté, la firent monter dans une voiture, et l'envoyèrent à Laval, avec l'état-major qui partait pour cette ville. Là, on lui chercha un logement sûr au milieu d'une famille pauvre. Les deux chefs partis à la poursuite de l'ennemi passèrent à Laval le lendemain de la journée du Mans, et vinrent s'assurer que la belle orpheline était hors de danger. Une scène émouvante eut lieu entre elle et Marceau. Elle ne pouvait assez admirer son jeune libérateur qui unissait aux grâces extérieures toutes les qualités d'une belle âme, et s'étonnait de trouver des sentiments d'une délicatesse exquise chez le chef de ceux qui avaient massacré ses parents. Les deux généraux ne purent s'arrêter longtemps auprès d'elle. Quelques jours après leur départ, Blanche des Mesliers était découverte et paraissait devant le tribunal révolutionnaire. Elle invoqua les noms de ses protecteurs, mais elle les compromit ainsi sans pouvoir se sauver. Elle fut mise à mort. Kléber et Marceau devaient chèrement expier leur générosité, mais un Représentant, Bouchotte, à qui Marceau avait un jour sauvé la vie, s'empara de la procédure commencée contre eux et la détruisit.

Harcelée par Westermann, l'armée des Vendéens n'avait pu franchir la Loire à Ancenis et dut se rejeter sur la Basse-Bretagne. Kléber fit faire des marches forcées aux républicains, pour empêcher l'ennemi de s'éloigner des bords de la Loire et de se réfugier dans le Morbihan. Il l'atteignit un soir près de Savenay. Les Représentants voulaient qu'il commençât immédiatement l'attaque; Westermann était impatient d'agir; Marceau lui-même brûlait d'engager le combat. Mais Kléber fut inflexible ; il voulait frapper un grand coup, livrer une bataille décisive, et pour cela laisser reposer ses troupes jusqu'au lendemain ; d'ailleurs, toutes n'étaient pas encore arrivées. Les Représentants accusaient sa lenteur et sa faiblesse. « Si tu ne prends sur toi d'arrêter toutes ces criailleries, dit Kléber à Marceau, demain nous serons à Nantes, et l'ennemi nous y suivra. » Grâce à son énergie, l'on attendit jusqu'au matin. Le choc des deux armées fut terrible ; les Vendéens attaquèrent avec une fureur désespérée et firent reculer les grenadiers républicains. Kléber s'élança de ce côté. « Général, lui dirent les soldats, nous n'avons plus de cartouches ». — « Eh! répondit-il, ne sommes-nous pas convenus hier que nous les écraserions à coups de crosse? Grenadiers, retournez à la charge, je vous ferai soutenir ». En effet, il fait avancer un bataillon qui se joint aux grenadiers, et repousse l'ennemi. Marceau, de son côté, rejette les Vendéens dans Savenay ; les autres divisions pénètrent dans la

MARCEAU
NÉ A CHARTRES
LE PREMIER MARS MDCCLXIX
TUÉ A VINGT-SEPT ANS
LE XIX SEPTEMBRE MDCCXCVI

ville sur des points différents. Les Vendéens sont entourés de toute part. Kléber et Marceau leur passent sur le corps et se rencontrent sur la place de Savenay. On poursuit les fuyards qui se sauvent par les petites rues, ils sont massacrés ou jetés dans les marais qui entourent la ville ; un petit nombre seulement parvint à gagner le bois. « Equipages, canons, tout tombe au pouvoir des républicains, dit Kléber, et pour cette fois, la destruction de l'ennemi est certaine. »

Les vainqueurs entraient à Nantes dans les derniers jours de décembre ; ils furent accueillis par des cris d'enthousiasme. La Société civique offrit une couronne aux généraux. Mais à Nantes se trouvait Turreau, l'incapable commandant en chef de l'armée de l'Ouest, qui, heureusement, n'avait pris part à aucune des opérations. Jaloux de Kléber et de Marceau, il dit que c'étaient les soldats qui gagnaient les batailles et méritaient les couronnnes. « Oui, répondit Kléber, ce sont les soldats qui remportent les victoires ; mais il faut aussi qu'ils soient conduits par les généraux qui sont les premiers soldats de l'armée, et qui sont chargés de maintenir l'ordre et la discipline sans quoi il n'y a pas d'armée. Je n'accepte cette couronne que pour l'offrir à mes camarades, et pour l'attacher à leur drapeau. »

Kléber ne trouva que des amertumes à la fin

de cette glorieuse guerre. Son premier chagrin fut de voir partir Marceau qui, disgrâcié, abreuvé de dégoûts, se rendit à Châteaubriant, chez un ami et tomba malade. Kléber aurait voulu ramener le bonheur et la paix dans le pays qu'il venait de vaincre. Il soumit à Turreau un plan de pacification semblable à celui que Hoche adopta plus tard. Turreau aima mieux terroriser la Vendée, et Kléber vit avec douleur les symptômes d'une nouvelle guerre civile. Au lieu de récompenser ses services, la Convention ne confirma même pas le titre de général de division, que les Représentants lui avaient donné. On le laissa pendant deux mois dans une espèce d'exil à Châteaubriant, où, malheureusement, Marceau n'était plus. Il employa ses loisirs à écrire ses mémoires. Lorsque, après la grande guerre, les Vendéens commencèrent la guerre des chouans, on le plaça sous les ordres de Rossignol, qui commandait l'armée des côtes de Brest. Il lui fallut traquer les rebelles dans les forêts. Enfin, le Comité de Salut Public lui rendit justice, lui envoya le brevet de général de division, et le rappela pour le faire servir à l'armée du Nord. Kléber revenait à la grande guerre ; il était heureux.

CHAPITRE IV

LA CAMPAGNE DE SAMBRE-ET-MEUSE — SIÉGE DE CHARLEROI — BATAILLE DE FLEURUS — PRISE D'EHRENBREITSTEIN ET DE MAESTRICHT — SIÉGE DE MAYENCE — PRISE DE DUSSELDORF — VICTOIRE D'ALTENKIRCHEN — MORT DE MARCEAU.

1794-1796

Dans le nord Kléber retrouvait Marceau qui, rentré en grâce auprès du gouvernement, commandait sur la Sambre l'avant-garde de l'armée des Ardennes. Parmi les ennemis il devait aussi rencontrer une ancienne connaissance : c'était son protecteur de Munster, le prince de Kaunitz, qui avait un commandement dans l'armée autrichienne. C'est même sur son ancien colonel que Kléber devait remporter son premier succès. Kaunitz avait attaqué à l'improviste l'armée des Ardennes et l'avait rejetée au-delà de la Sambre. Kléber accourut, fit charger l'ennemi par trois bataillons de grenadiers, dégagea les républicains gravement compromis et couvrit leur retraite.

Lorsque l'armée de Sambre-et-Meuse fut formée et confiée à Jourdan, Kléber fut chargé de commander une division : Marceau, Desaix, Championnet, Lefebvre, Bernadotte en commandaient d'autres ; une amitié profonde régnait entre tous ces chefs qui plus tard aimaient à se souvenir de ce qu'ils appelaient la « grande famille de Sambre-et-Meuse ».

L'armée assiégea la ville de Charleroi occupée par les Autrichiens. Le 16 juin 1794, Jourdan fut attaqué par le Prince d'Orange qui venait au secours de la place. Dans cette journée, Kléber se couvrit de gloire. La position de l'armée française était très-désavantageuse, et les munitions lui manquaient. Un brouillard épais favorisait les ennemis et leur permit de porter le désordre dans nos rangs. Les troupes de Marceau, recrues nouvelles qui n'avaient jamais vu le feu, plièrent les premières, malgré les efforts de leur chef qui était à moitié fou de douleur et de colère. Jourdan se vit forcer de céder. Kléber seul était victorieux et marchait en avant, repoussant le général Wartensleben. La retraite de l'armée l'obligea de s'arrêter ; il revint et s'établit fortement sur les hauteurs de Lernes. De là, il canonna les Autrichiens et permit à Jourdan de repasser la

Sambre par le pont de Marchiennes. Quand il vit l'armée en sûreté, il se retira et passa la rivière le dernier.

Cet échec ne découragea pas les troupes. Le 18 elles revenaient à la charge et recommençaient le siége de Charleroi. Au bout de quelques jours la ville se rendit.

Le prince d'Orange s'était imaginé qu'après sa victoire les Français seraient découragés et ne tenteraient plus de s'emparer de Charleroi. Il marcha donc contre l'armée du nord commandée par Pichegru. Il apprit en route que l'armée de Sambre-et-Meuse ne renonçait pas à prendre Charleroi ; aussitôt il revint et arriva juste au moment où nos soldats entraient dans la ville. Il ne sut rien de cette reddition à laquelle il ne se serait jamais attendu. Au contraire, persuadé que la garnison ferait une diversion en sa faveur, il attaqua nos avant-postes. Une bataille terrible s'engagea. Jourdan avait pris des dispositions très-habiles ; ses généraux montrèrent la plus grande énergie. « Point de retraite aujourd'hui ! » s'étaient écriés leurs soldats. Kléber commande à gauche et résiste vigoureusement. Le centre pliait ; mais Lefebvre défend opiniâtrement le plateau de Lambusart et permet au centre de recommencer l'attaque. Enfin à sept heures du soir les Autrichiens battent en retraite. Telle fut la bataille de Fleurus, gagnée à l'endroit ou les Français avaient déjà remporté une belle victoire, en 1690, avec le maréchal de Luxembourg. Celle de Jourdan nous rendit maîtres de la Belgique. Kléber occupa Mons et chassa les Autrichiens des hauteurs de Mont-Saint-Jean. L'armée de Sambre-et-Meuse prit possession de Bruxelles et fit sa jonction avec celle du Nord. Quelques jours plus tard, Kléber se distinguait encore en délogeant l'ennemi de la Montagne de Fer, position très-forte en avant de Louvain, et entrait dans cette ville après un combat meurtrier. Il contribua pour une grande part à la victoire de l'Ourthe. Après cette glorieuse bataille, Jourdan l'envoya faire le siége de l'importante place de Maëstricht. Mais les Autrichiens étaient solidement établis sur le plateau d'Aldenhoven, près de Juliers. Jourdan rappela Kléber près de lui, lui confia l'aile gauche de l'armée, et attaqua l'ennemi le 2 octobre. Tandis que Marceau se battait bravement sur la droite et que Championnet enlevait le plateau d'Aldenhoven, Kléber passait la Roër, rivière rapide qui le séparait des Autrichiens. Il n'attendit pas qu'on prît le temps de jeter un pont ; ses grenadiers traversèrent la Roër à la nage malgré le feu accablant de l'ennemi, et enlevèrent les retranchements placés sur l'autre rive. Clairfayt, le général autrichien, donna le signal de la retraite et s'enfuit vers le Rhin. Les Français le suivirent et entrèrent à Cologne.

Pendant que Marceau, envoyé par Jourdan pour faire le siége de Coblentz, emportait d'assaut la redoutable forteresse d'Ehrenbreitstein, Kléber retournait à Maëstricht accompagné de l'habile ingénieur Marescot. Il n'avait que 25.000 hommes pour s'emparer d'une place de première force. Mais les travaux furent poussés avec une vigueur étonnante ; Marescot fut admirable : Kléber accabla la ville de bombes et d'obus, après avoir inutilement engagé les habitants à se rendre pour leur épargner les horreurs du bombardement. Au bout de onze jours la ville capitula. Elle livrait à Kléber trois cents canons, quinze mille fusils et une immense provision de poudre. Quinze drapeaux furent envoyés à la Convention.

Ce succès de Kléber le fit appeler à l'armée du Rhin où il fut chargé d'assiéger Mayence. Il arriva sous les murs de la ville le 2 décembre. Il était désolé d'avoir quitté ses glorieux amis de Sambre-et-Meuse pour venir investir une ville qu'il désespérait de prendre avec les ressources insuffisantes dont il disposait. Il connaissait trop bien Mayence pour comprendre qu'il était impossible de s'en emparer si on ne l'assiégeait des deux côtés du Rhin. Or son armée était trop peu nombreuse pour un investissement complet. Le matériel de

LA FORTERESSE D'EHRENBREITSTEIN
à la fin du dix-huitième siècle

siége lui manquait, et même les approvisionnements. Les soldats mouraient de faim ; d'abord ils s'étaient nourris de navets et de choux que la campagne de Mayence leur avait fournis ; ensuite ils déterrèrent des racines qui en rendirent un grand nombre malades ou fous. Enfin le froid devint intolérable. C'était ce fameux hiver de 1795 où les fleuves et les canaux de la Hollande furent gelés, si bien que les hussards de Pichegru purent s'emparer de la flotte ennemie prise dans la glace. Le bois manquait et l'on n'avait pas de chevaux pour en amener. En vain Kléber exposait au Comité de Salut Public l'impossibilité absolue de prendre Mayence dans l'état où se trouvait l'armée ; aucun secours ne lui arriva. Les Représentants l'irritaient par des exigences insensées ; Michaud, le général en chef de l'armée du Rhin, entravait le peu d'opérations qu'il lui eût été possible de faire. Il écrivait à Jourdan : « Si tu m'aimes, tire-moi donc d'ici ! » ses vœux furent exaucés ; il obtint un congé, passa quelque temps à Strasbourg, et puis revint à l'armée de Sambre-et-Meuse.

Le Comité de Salut Public avait ordonné à Pichegru et à Jourdan de passer le Rhin. Jourdan chargea Kléber de faire franchir le fleuve à l'aile gauche, à la hauteur de Dusseldorf. Kléber effectua le passage pendant la nuit avec une audace incroyable, parut devant Dusseldorf, ville très-bien fortifiée, et somma le gouverneur de se rendre. Dusseldorf lui ouvrit ses portes.

L'armée de Sambre-et-Meuse s'avança victorieuse jusqu'à la Lahn. Mais Pichegru, qui devait se joindre à Jourdan, restait à Manheim dans une inaction coupable. N'étant pas soutenu, Jourdan jugea prudent de revenir sur ses pas et de ramener son armée sur la rive gauche du Rhin. Kléber devait passer le fleuve au pont de Neuwied. Marceau avait été chargé de détruire tous les autres ponts et toutes les embarcations, afin d'empêcher les Autrichiens de franchir le Rhin à la suite des Français. Marceau laissa au capitaine du génie Souhait le soin de couler à fond les barques rassemblées à Coblentz. Souhait y mit le feu et les laissa partir à la dérive. Les barques enflammées arrivèrent jusqu'à Neuwied, brisèrent le pont et l'incendièrent, lorsque Kléber n'avait pas encore passé. La retraite était coupée à ses soldats. Marceau, désespéré, veut se brûler la cervelle, mais Kléber lui dit de mourir en combattant. Puis il appelle le chef des pontonniers : « Combien de temps, lui dit-il, faut-il pour rétablir le pont ? — Vingt-quatre heures. — Je t'en accorde trente, mais tu m'en réponds sur ta tête. » Admirable de sang-froid et d'énergie, Kléber contint l'ennemi pendant les trente heures et ses troupes regagnèrent l'autre rive en bon ordre. Marceau, Championnet et lui restèrent les derniers sur la rive ennemie ; ils entendirent les soldats crier : « Vivent nos généraux ! ils ne nous abandonnent pas ! »

L'année suivante, en 1796, Kléber passait de nouveau le Rhin à Dusseldorf. Il avait devant lui son ancien colonel autrichien, le successeur de Kaunitz, le prince de Wurtemberg. C'est sur lui qu'il remporta le 4 juin cette magnifique victoire d'Altenkirchen dont nous avons déjà parlé, et qui est un de ses plus beaux titres de gloire. Il fut admirablement secondé par les généraux Lefèbvre et Richepanse, qui exécutèrent ses ordres avec la plus grande vigueur.

Grâce aux succès de Kléber, Jourdan put réunir toute son armée sur la Lahn. Kléber conseillait d'en profiter pour tomber sur l'ennemi et l'écraser. Jourdan hésita au moment décisif, et, craignant de s'être trop aventuré, ordonna une seconde retraite. Kléber obéit en murmurant. Le 19 juin, il fut assailli par le général Kray, mais soutint avec fermeté le choc de l'ennemi ; le combat fut indécis et Kléber, continuant sa retraite, rentrait, le 21, à Dusseldorf.

Les Autrichiens, après avoir repoussé les Français sur ce point, se portèrent vers Strasbourg où Moreau venait de franchir le Rhin ; 40.000 hommes restèrent pour surveiller l'armée de Sambre-et-Meuse. Jourdan profita du départ du principal corps d'armée et repassa le Rhin une troisième fois. Il chassa les Autrichiens devant lui, les battit sur la Lahn et sur le Mein. Kléber occupa Francfort et fit payer aux habitants une contribution de guerre de dix millions. Jourdan pénétra jusqu'aux frontières de la Bohême. Là, il devait donner la main à Moreau qui arrivait par le Neckar et le Danube. Mais Moreau préféra continuer sa route seul. C'était une grande faute. L'archiduc Charles porta toutes ses forces contre Jourdan et le contraignit à se retirer. Alors commença cette fameuse retraite de l'armée de Sambre-et-Meuse, qui fut suivie bientôt de la retraite plus célèbre encore de Moreau. Kléber rendit de grands services à l'armée ; comme dans toutes les occasions où il fallait rétrograder, il marchait le dernier et contenait l'ennemi par sa vigoureuse résistance. Il fut plus d'une fois aux prises avec Jourdan qui, l'esprit comme troublé par les revers, commettait faute sur faute. Jourdan avait résolu de se retourner contre les Autrichiens et de leur livrer une bataille afin de se maintenir au moins sur la ligne du Mein. Kléber le supplia de ne pas exposer les troupes aux conséquences désastreuses d'une défaite qui lui semblait inévitable. Jourdan n'écouta pas ses conseils et faillit être écrasé dans la funeste bataille de Wurtzbourg. Marceau, qui était resté sur le Rhin pendant que Jourdan s'avançait vers la Bohême, vint heureusement au secours de l'armée. Il défendit avec énergie le cours de la Lahn, disputant le terrain pied à pied, et ne reculant que de quelques lieues en deux jours et demi. Le 19 septembre, pendant qu'il observait les mouvements des Autrichiens, un coup de feu, tiré derrière lui, lui traversa la poitrine. Les soldats éplorés le portent dans une maison d'Altenkirchen, puis, pour le venger, fondent avec rage sur l'ennemi. Une immense douleur se répand dans l'armée entière; les Autrichiens eux-mêmes s'émeuvent du sort de leur magnanime adversaire, et l'archiduc Charles lui envoie son premier chirurgien. Tous les soins furent inutiles. Le 21 septembre au matin Marceau mourait. Il avait regretté de ne pouvoir serrer la main de Kléber, mais il demanda qu'on donnât comme souvenir à son ami le plus beau cheval de son écurie. Les funérailles furent grandioses ; les Autrichiens voulurent y assister et s'unirent aux Français pour escorter le convoi funèbre qui se rendait à Coblentz. C'est là que les deux armées rendirent les derniers devoirs à Marceau, au bruit du canon d'Ehrenbreitstein.

Cette mort plongea Kléber dans une morne douleur ; il désira rendre un hommage à la mémoire de son meilleur ami, et dessina le monument que l'armée de Sambre-et-Meuse élevait à l'un des plus aimés de ses généraux.

MARCEAU MOURANT RAPPORTÉ PAR SES SOLDATS.

Après la bataille de Wurzbourg, Kléber, brouillé avec son général en chef, s'était retiré à Chaillot. Bientôt Jourdan donna sa démission, et le Directoire le remplaça par Beurnonville. Celui-ci trouva la charge trop lourde et ne tarda pas à s'en démettre. Alors on jeta les yeux sur Kléber. Partagé entre le désir de revoir l'armée de Sambre-et-Meuse et sa répugnance invincible pour le commandement en chef, Kléber hésitait à accepter, lorsque tout à coup le Directoire nomma Hoche. Kléber, froissé, voulut renoncer à la guerre. Il essaya de se faire envoyer par la ville de Strasbourg au Corps législatif, puis vint habiter Chaillot. C'est là que Bonaparte alla le trouver.

CHAPITRE V

EXPÉDITION D'ÉGYPTE — PRISE D'ALEXANDRIE — BATAILLE DES PYRAMIDES — DÉSASTRE D'ABOUKIR — RÉVOLTE DU CAIRE — EXPÉDITION DE SYRIE — BATAILLE DU MONT THABOR — BATAILLE D'ABOUKIR — KLÉBER GÉNÉRAL EN CHEF — SIDNEY SMITH — TRAITÉ D'EL ARISCH VICTOIRE D'HELIOPOLIS — RÉVOLTE DU CAIRE — PACIFICATION DE L'ÉGYPTE — ASSASSINAT DE KLÉBER — PERTE DE L'ÉGYPTE

1798-1800

L'expédition d'Egypte avait été décidée par le Directoire. Bonaparte préparait sa fameuse armée d'Italie pour la nouvelle guerre, mais aux chefs qui la commandaient, à Murat, à Lannes, à Marmont, il désirait joindre encore de bons généraux pris à d'autres armées. Desaix, qui s'était illustré sur le Rhin, vint s'offrir de lui-même. Kléber attendit que Bonaparte le cherchât. Au milieu de ses victoires d'Italie, Bonaparte avait appris les exploits de Kléber, et lui, qui se vantait un jour de se connaître en hommes, conçut aussitôt une profonde estime pour le héros de Sambre-et-Meuse. Celui-ci, de son côté, avait une grande admiration pour le vainqueur de Castiglione et de Rivoli. Bonaparte lui confia ses projets qui étaient encore un secret pour l'armée et pour le public. Kléber accepta avec enthousiasme. « Mais, demanda-t-il, les avocats (c'est ainsi qu'il nommait les membres du Directoire, ses ennemis) permettront-ils que je vous suive? » Bonaparte se chargea de tout arranger, et fit décider par le Directoire que Kléber serait employé « dans l'expédition qui se préparait à Toulon. »

L'armée, forte de 32,000 hommes, commandée par des chefs excellents, et accompagnée d'un grand nombre de savants, quitta le port de Toulon le 20 mai 1798. Elle s'empara de l'île de Malte en passant. Kléber n'assista pas à la prise, mais il écrivit au général en chef pour le féliciter. La flotte reprit sa route vers l'Egypte, sans rencontrer les Anglais qui la cherchaient ailleurs, pour lui livrer bataille. Elle parut le 1er juillet devant Alexandrie. La mer était très-mauvaise; néanmoins, Bonaparte, qui craignait toujours d'être attaqué par l'amiral Nelson, ordonna de commencer aussitôt le débarquement. Dès qu'il y eut

4,000 hommes sur la plage, sans attendre les chevaux ni les canons que l'agitation des flots ne permettait pas encore de transporter à terre, Kléber reçut l'ordre d'attaquer Alexandrie. Il montait lui-même un des premiers à l'assaut, quand une balle l'atteignit à la tête et le mit hors de combat. Ses soldats redoublèrent de vigueur et entrèrent dans la ville. Bonaparte ne s'arrêta pas à Alexandrie. Aussitôt que le matériel de l'armée fut débarqué, il se remit en route. Kléber blessé, dut rester dans la ville ; il en fut nommé gouverneur et s'occupa d'administrer la province. Il aurait mieux aimé suivre l'armée qui s'avançait vers le Caire ; il écrivait à Bonaparte : « Je remplirai vos intentions avec zèle et autant qu'il me sera possible de le faire de mon appartement ; car les premiers moments où il me sera permis de prendre quelque exercice, accordez-moi, général, de les employer pour aller vous joindre. »

En attendant, malgré les souffrances que lui causait sa blessure, il travaillait à bien organiser Alexandrie et révélait de grandes qualités d'administrateur. En maniant les finances, en établissant une police, en créant une commission des subsistances chargée d'acheter les vivres de l'armée, pour ne point s'aliéner les habitants par des réquisitions, il montra une entente des affaires surprenante chez un homme de guerre. Il fallait

KLÉBER BLESSÉ A LA PRISE D'ALEXANDRIE
d'après le bas-relief sculpté par Chaponnière en 1834.

une grande énergie pour contenir la population fanatique sans cesse prête à massacrer les étrangers. Kléber y réussit. Il intimide la ville en lui montrant la flotte qui stationnait près d'Aboukir, et en jurant de tirer une vengeance terrible de la moindre violence faite à un Français. « Ces gens-là, disait-il, prennent toutes les marques de bonté que je leur donne pour des marques de faiblesse; tandis que d'un autre côté, pour peu que je leur montre, je ne dis pas de rigueur, mais de fermeté, ils sont à mes pieds. » Par contre, il ordonnait à ses soldats de respecter tous les usages du pays et leur défendait, sous peine de mort, de troubler les musulmans dans leurs pratiques religieuses, ou de pénétrer dans les harems.

Bien que sous sa direction la ville restât calme et prospère, bien qu'à ce poste il eût l'occasion de rendre de grands services à Bonaparte, il attendait avec impatience que sa blessure fût cicatrisée pour retourner auprès de l'armée.

Pendant ce temps, Bonaparte s'avançait sur le Caire ; l'avant-garde commandée par Desaix rencontra les Mamelucks à Rhamanieh et leur opposa ses redoutables carrés. Les musulmans vinrent se briser contre ces remparts vivants, dont les quatre côtés étaient inabordables, et s'enfuirent en toute hâte. Leur chef, Mourad-Bey, essaya de venger cet échec, et fondit sur l'armée française, à Chébreiss. Mais les carrés mitraillèrent encore une fois ses cavaliers, et il se sauva. Il réunit alors toutes ses troupes autour du Caire, et attendit les Français à Embabeh. C'est là que Bonaparte remporta la fameuse victoire des Pyramides, le 21 juillet. Le Caire nous appartint.

Les nouvelles de Kléber causèrent une grande joie à Bonaparte qui, pour payer les services rendus à Alexandrie, promettait de rappeler à lui dans une quinzaine de jours son habile lieutenant. Tout à coup, une lamentable nouvelle jeta les Français dans la douleur. Kléber apprit au général en chef que la flotte venait d'être détruite à Aboukir, et que le retour en Europe était fermé. Du haut du phare d'Alexandrie, Kléber avait vu sauter nos vaisseaux et fuir ceux qui n'étaient pas incendiés. Après ce désastre, son poste devenait très-dangereux. Il lui fallut résister aux vainqueurs d'Aboukir, contenir la population que notre désastre rendait turbulente et hostile, ranimer les soldats découragés par l'impossibilité de rentrer en Europe. La déclaration de guerre envoyée par la Porte, rendit sa tâche plus difficile encore. Le sultan, dont Bonaparte s'était dit l'ami jusqu'alors, fit lire dans toutes les mosquées une lettre qui excitait les musulmans contre les Français, déclarés les ennemis de la religion du Prophète. Kléber fut tellement ferme, que les habitants d'Alexandrie vinrent d'eux-mêmes lui dénoncer les agissements des Turcs et des Anglais, et les offres qu'on leur faisait pour favoriser par une révolte la prise de cette ville.

La souffrance la plus cruelle pour Kléber fut de rester quarante jours sans avoir la moindre nouvelle de Bonaparte. « Ma position, lui écrivait-il sans obtenir de réponse, est extrêmement délicate ; je ne connais ni votre secret, ni vos vues, et je dois agir comme si j'en étais instruit... J'ai sur votre santé, sur votre existence, des inquiétudes que beaucoup de personnes partagent... Il court sur l'armée différents bruits que je cherche à détruire, et qui, cependant, font quelque impression. Un mot de votre part rassurerait tout le monde, et votre présence, malgré nos malheurs, nous comblerait de joie. » Enfin, une réponse arriva. Bonaparte ranimait Kléber et les soldats, en disant que le désastre d'Aboukir aurait un heureux résultat, celui de faire faire à l'armée de plus grandes choses qu'elle ne comptait. « Oui, écrivit Kléber ,nous l'entreprendrons, cette plus grande chose, et je prépare déjà toutes mes facultés. »

Un moment une rupture sembla imminente entre Kléber et le général en chef. Celui-ci avait déjà trouvé mauvais que Kléber osât le blâmer d'avoir flétri dans un ordre du jour l'un des vaincus d'Aboukir, le contre-amiral Duchayla. Kléber prit la défense du malheureux officier et dit qu'une grave blessure l'avait empêché d'agir comme il aurait dû. Bonaparte retira son ordre du jour, mais ne pardonna pas à Duchayla.

Une dissension plus grave s'éleva au sujet d'une somme de 115.000 francs que Bonaparte envoyait à Kléber après le désastre d'Aboukir pour sauver et réparer ce qui restait de la flotte. Juste à ce moment Kléber avait le plus grand besoin d'argent pour ses soldats ; il n'osait lever des contributions, craignant qu'après nos malheurs la ville ne refusât de payer et ne se révoltât. Il écrivit à Bonaparte une longue lettre où il exposait sa pénurie et démontrait que les 115.000 francs lui étaient plus nécessaires qu'à la flotte. Les chefs de la marine se plaignirent de ce que Kléber eût détourné les fonds qui leur étaient destinés. Bonaparte n'avait pas encore reçu la lettre de Kléber ; il entra dans une colère violente contre lui et lui adressa les reproches les plus durs. Kléber répondit par un langage très-digne et offrit sa démission. Mais Bonaparte s'était déjà repenti de sa vivacité ; lorsqu'il reçut les explications de Kléber, il fit tous ses efforts pour reconquérir l'amitié d'un auxiliaire si précieux. La blessure avait été trop profonde pour que la réconciliation pût se faire aussitôt. Kléber demanda la permission de retourner en France, prétextant que ses douleurs de tête lui faisaient faire des gaucheries, et qu'il avait besoin de changer d'air. Bonaparte lui dit de venir se reposer au Caire auprès de lui. « Je crains que nous ne soyons un peu brouillés, écrivait-il ; vous seriez injuste si vous doutiez de la peine que j'en éprouverais. » Kléber se laissa gagner à ce langage affectueux et partit pour le Caire.

Bonaparte venait de réprimer une révolte qui avait éclaté dans la capitale. Un vieux cheik se traînait à ses pieds, quand Kléber arriva auprès de lui. « Quel est cet homme ? » demanda Kléber. — Le chef de la révolte. — Et vous ne le faites pas fusiller ? — Non, j'aime mieux que le peuple ait des chefs d'une espèce pareille à celui-ci, qui ne peut ni monter à cheval ni manier le sabre, que de lui en voir comme Mourad-Bey ». Plus tard Kléber fit battre de verges le même cheik. Sa mort fut peut-être la vengeance de cet affront.

Bonaparte avait projeté d'envahir la Syrie, dont la conquête était le complément de celle de l'Egypte. Djezzar, le pacha d'Acre, maître de la Syrie, amenait une armée turque contre Bonaparte et occupait le fort d'El-Arisch, l'une des clefs de l'Egypte. Kléber marchait à l'avant-garde. Arrivé devant El-Arisch, il fit assaillir un lieutenant de Djezzar pendant la nuit par le général Reynier. Les Turcs furent mis en déroute, et lorsque

Bonaparte arriva, la garnison d'El-Arisch se rendait.

Kléber continua son chemin, guidé par des gens du pays. C'étaient des Arabes fanatiques qui l'égarèrent dans le désert. L'armée souffrit cruellement; quelques soldats épuisés de fatigue et torturés par la soif se donnèrent la mort. Kléber fit fusiller les guides, en trouva d'autres qu'il intimida et se fit ramener sur la bonne route. Il vint à temps au secours de Bonaparte qui, parti peu de temps après lui, s'étonnait de ne point voir de traces de l'avant-garde et venait de se heurter contre une troupe de Turcs fort nombreuse.

L'armée s'empara de Gaza et de Jaffa. Pendant qu'elle mettait le siége devant Saint-Jean-d'Acre, Kléber était détaché en avant avec une division, afin d'arrêter une très-forte armée turque envoyée au secours de la place assiégée, sous les ordres du pacha de Damas. Une première rencontre avec l'avant-garde ennemie fut glorieuse pour Kléber, mais les munitions lui manquant, il ne put profiter de son succès. Quatre jours après il annonçait à Bonaparte qu'il allait tourner le mont Thabor, surprendre l'ennemi et chercher à le disperser, comme Reynier l'avait fait à El-Arisch. Mais des obstacles imprévus l'arrêtent ; il comptait tomber pendant la nuit sur les Turcs, et n'arrive que le matin. 30.000 ennemis occupent une large plaine

BATAILLE DU MONT THABOR

où Kléber n'amène que 2.500 hommes. Il dispose ses troupes en carré et repousse quinze charges. Mais les munitions manquent encore une fois. Il y avait déjà sept heures que les Français luttaient; ils songeaient à s'ouvrir un passage à la baïonnette, quand tout à coup le canon gronde dans le lointain. « C'est le Petit Caporal! » s'écrient-ils. En effet Bonaparte, averti par Kléber, se tenait sur ses gardes et se disposait à quitter Saint-Jean-d'Acre au cas où l'attaque nocturne au pied du Thabor n'aurait pas réussi. Quand il entendit le canon, il partit aussitôt et arriva sur le champ de bataille au moment où le carré de Kléber fléchissait. Il fit mitrailler les Mamelucks et disposa son armée de manière à les enfermer dans un triangle. Les soldats de Kléber oublient leur fatigue et prennent l'offensive. Les Turcs sont repoussés et battent en retraite ; mais ils trouvent les passages interceptés ; alors ils s'enfuient de tous les côtés dans le plus grand désordre et Murat les poursuit. Kléber rejoint Bonaparte, l'embrasse avec effusion, et s'écrie : « Général, vous êtes grand comme le monde ! » Bonaparte n'admira pas moins son lieutenant et se plaisait à lui attribuer le principal mérite de cette journée du mont Thabor.

Après plusieurs assauts où Kléber fit inutilement preuve de la plus grande valeur, les Français désespérèrent de prendre Saint-Jean-d'Acre, et

Bonaparte ordonna la retraite vers l'Egypte. Kléber fut placé au poste d'honneur, à l'arrière-garde.

Bientôt l'on apprit qu'une nouvelle armée turque débarquait à Aboukir. Bonaparte se porta vivement vers Alexandrie et fit transmettre à Kléber l'ordre de venir le rejoindre. Kléber se hâta de quitter Damiette et fut devant Aboukir la veille du jour fixé. Mais il ne vit que la fin d'une grande bataille qui s'était engagée dans la matinée. Bonaparte avec 7.000 hommes avait attaqué 18.000 janissaires fortement établis dans la presqu'île d'Aboukir, les avait délogés de leurs positions et jetés dans la mer. L'armée turque était détruite.

C'est après cette victoire que de mauvaises nouvelles arrivées de France décidèrent Bonaparte à quitter l'Egypte ; il se crut nécessaire en Europe où nos armées étaient battues, et fit équiper deux frégates. Lorsqu'elles furent prêtes, il partit à l'improviste, profitant d'un moment où la croisière anglaise s'était éloignée. Il emmenait avec lui Murat, Lannes, Marmont, et Berthier. Longtemps il s'était demandé s'il laisserait le commandement en chef à Desaix ou à Kléber. Ce dernier lui sembla joindre d'excellentes qualités d'administrateur à celles du soldat ; il se décida donc pour Kléber, assuré qu'il aurait en lui le meilleur successeur. Il lui écrivit de se rendre à Rosette, disant qu'il avait des communications très-graves à lui faire. Kléber fut au rendez-vous le jour fixé ; il n'y trouva qu'un de ses amis nommé Baude qui était chargé de lui apprendre le départ de Bonaparte et de lui remettre, avec un paquet de proclamations et des instructions très-détaillées, l'ordre de commander l'armée d'Egypte. Bonaparte savait que s'il parlait lui-même à Kléber, jamais il ne le déciderait à prendre le commandement en chef. Il le lui imposa par surprise. Kléber en trouvant « l'oiseau déniché », comme il disait, eut beau entrer en colère ; il ne pouvait refuser la charge qu'on lui laissait. Il se rendit au Caire et se fit reconnaître comme général en chef. Bonaparte lui avait dit dans ses instructions : « La place importante que vous allez occuper en chef va vous mettre à même enfin de déployer les talents que la nature vous a donnés. » Il fallut d'abord relever les esprits des soldats profondément découragés par le départ de Bonaparte. Ils avaient supporté jusqu'alors les fatigues de l'expédition, parce que l'admiration pour leur général les soutenait. Quand ils se virent abandonnés de lui, loin de la France, au milieu d'un pays où ils enduraient des privations de toutes sortes, ils tombèrent dans un morne désespoir. Ils n'étaient plus que 20000 hommes, et cette petite armée devait garder une conquête aussi vaste que l'Egypte, éloigner les Anglais des côtes, repousser les armées turques qui se reformaient en Syrie, comprimer les révoltes de la population, contenir Mourad Bey et les Mamelucks. L'argent, les vêtements et les munitions manquaient. Les soldats murmurèrent, et Kléber ne parvint qu'avec peine à les calmer. Il les encouragea quand lui-même sentait son courage l'abandonner. Dans ses proclamations il expliquait et justifiait le départ de Bonaparte, lorsque lui-même le maudissait.

Il lui parut impossible de soutenir la lutte. L'administrateur des finances, Poussielgue, furieux de n'être pas retourné en France, lui présentait les tableaux les plus sombres, et exagérait encore la faiblesse des ressources. C'est dans ces dispositions que Kléber adressa au Directoire un rapport où il parlait de la nécessité prochaine d'entamer des négociations avec la Turquie et de céder l'Egypte. « Je connais toute l'importance de la possession de l'Egypte, écrivait-il ; je disais en Europe qu'elle était pour la France le point d'appui avec lequel elle pourrait remuer le système du commerce des quatre parties du monde ; mais pour cela il faut un puissant levier, et ce levier c'est la marine. La nôtre a existé ; depuis lors tout a changé, et la paix avec la Porte peut seule, ce me semble, nous offrir une voie honorable pour nous tirer d'une entreprise qui ne peut plus atteindre l'objet qu'on avait pu se proposer. » Les négociations s'engagèrent. Le grand vizir, Yousouf pacha, se montra d'abord très-insolent. Une lettre qu'il écrivit fit dire à Kléber : « Il faut après cela renoncer à traiter avec les ministres de la Sublime Porte, ou se couvrir et s'envelopper d'infamie. » Une belle victoire que le général Verdier remporta près de Damiette sur 7000 janissaires rendit le vizir plus accommodant ; il écrivit une lettre très-respectueuse à Kléber qui lui envoya un de ses officiers en Syrie. Mais les Anglais prétendirent que, la Turquie étant leur alliée, ils devaient être admis aux négociations et que l'évacuation de l'Egypte ne pouvait se faire sans leur assentiment. Kléber fut obligé de les écouter. Le commodore Sidney Smith représenta le gouvernement britannique. Il invita les plénipotentiares envoyés par Kléber, Desaix et Poussielgue, à monter sur un vaisseau, le Tigre, où ils seraient plus en sûreté qu'au milieu de l'armée fanatique des Turcs. Il pressait les Français d'évacuer l'Egypte et tâchait de les amener à signer un traité glorieux pour l'Angleterre, en leur apprenant les revers de nos armées en Europe. Mais Kléber lui écrivit : « Vous n'avez jamais pensé sérieusement, monsieur le général, qu'une armée française et chacun des individus qui la composent pussent écouter des propositions incompatibles avec la gloire et l'honneur. Partout où l'on sert son pays l'on est bien... Les Français n'ont jamais demandé à quitter l'Egypte uniquement pour retourner dans leur patrie..... Mais ils la quitteraient avec autant de plaisir que d'empressement si cette évacuation pouvait devenir le prix de la paix générale. » Il terminait sa lettre en énumérant les forces qui lui restaient et qui pouvaient encore remporter bien des victoires.

Sur ces entrefaites, le grand-vizir attaquait l'importante place d'El-Arisch. Une révolte éclata parmi la garnison qui était lasse d'une guerre infructueuse et se laissa corrompre par des émigrés venus avec Yousouf. Des grenadiers abattirent le drapeau tricolore et arborèrent le drapeau blanc. On appela les Turcs, on leur jeta des cordes pour escalader les murailles. Les Turcs massacrèrent tout le monde, les traîtres et les soldats restés fidèles. Un de ces derniers leur fit payer chèrement leur victoire ; il mit le feu à une poudrière et le fort d'El-Arisch sauta.

Kléber, attristé par cet exemple d'indiscipline, fit presser les négociations. Les nouvelles d'Europe ne l'encourageaient pas à prolonger sa résistance. Nos ennemis étaient victorieux sur tous les points, et moins que jamais le gouvernement ne pouvait songer à envoyer des renforts en Egypte. Kléber, qui avait d'abord demandé « la libre sortie de l'Egypte avec armes, bagages et munitions, avec la faculté de servir *partout et contre tous* à son retour en France », ainsi que la cession à la République de Corfou, Zanthe, Céphallonie, des îles de la mer Ionienne et de Malte, en échange de la conquête qu'il abandonnait à la Turquie, Kléber dut renoncer à toutes ces prétentions et consentir à l'évacuation pure et simple. Desaix et Poussielgue se rendirent avec Sidney-Smith au camp d'Yousouf. Il y fut convenu que des vaisseaux turcs ramèneraient les Français à Toulon et que la Porte nous paierait une indemnité de trois millions pour les magasins que nous laissions en Egypte. Ce fut là le traité d'El-Arisch signé par Desaix le 24 juillet 1800. Sidney-Smith en informa le cabinet de Londres, et, quelques jours après, Desaix retournait en France.

Mais le gouvernement britannique avait eu connaissance du fameux rapport dans lequel Kléber exposait au Directoire la détresse de l'année. Le Parlement fut d'avis qu'on ne signât avec elle aucun traité, mais qu'on lui imposât la capitulation la moins honorable, ou même qu'on la laissât périr. Défense fut faite aux flottes anglaises de la Méditerranée de ramener les Français en Europe si ce n'est comme prisonniers de guerre. Lord Keith, le commandant des flottes, prévint Kléber qu'aucun soldat de l'armée d'Égypte ne serait rapatrié s'il ne déposait les armes. Kléber, indigné de cette rupture perfide de la convention d'El-Arisch fit afficher la lettre de l'amiral, avec ces mots qu'il écrivit au bas : « Soldats, on ne répond à de telles insolences que par la victoire ; préparez-vous à combattre ! » L'armée répondit par le cri des héros grecs aux Thermopyles : « Ces armes qu'ils veulent avoir, qu'ils viennent les prendre ! »

Elle avait exécuté déjà en partie le traité d'El-Arisch. Les troupes avaient quitté la haute Egypte ; toute la rive orientale du Nil était évacuée ; les bagages et les munitions allaient être embarqués à Alexandrie ; les Turcs entraient au Caire. Quand la lettre de lord Keith arriva, toute l'Egypte était à reconquérir. Les Français firent cette seconde conquête avec une énergie toute nouvelle qu'ils avaient puisée dans leur indignation. Ils reprirent possession du Caire et Kléber infligea un châtiment terrible aux Turcs qui s'y permirent de les insulter. Le grand-vizir fut sommé de retourner en Syrie. Sur son refus, Kléber marcha contre lui et le rencontra aux ruines d'Héliopolis.

C'était le 20 mars 1800. Dix mille Français étaient en présence d'une armée turque six fois plus nombreuse et composée des meilleures troupes de l'empire ottoman. Ils avaient derrière eux la population du Caire, prête à se soulever et à les massacrer s'ils avaient le malheur de reculer. Kléber disposa son armée pendant la nuit. « Je parcourus les rangs, dit-il, et je remarquai la confiance et la gaîté de nos soldats, présage ordinaire de la victoire. » Il plaça Reynier à l'aile gauche, Friant à la droite, Rampon à l'arrière-garde. Au centre se trouvaient la cavalerie et l'artillerie. A trois heures du matin, Reynier attaqua le village d'El-Matarieh occupé par Nassif-Pacha et 6.000 janissaires. Les Turcs sortirent de leurs retranchements, « mais n'y rentrèrent plus », dit Kléber. Une décharge à bout portant en renversa un grand nombre; le reste fit un détour immense et se dirigea sur le Caire. De son côté, Friant fondait sur l'avant-garde d'Yousouf et la dispersait. Alors, sur un signal du grand-vizir toutes les troupes musulmanes se mirent en mouvement. Une troupe innombrable de cavaliers s'élança sur les Français, mais ne put entamer leurs carrés; à chaque charge les Turcs faisaient des pertes énormes. A la fin, décimés par le feu roulant des carrés, ils s'enfuirent vers le désert. Friant et Reynier les poursuivirent et les chassèrent du fort de Belbeys où ils s'étaient arrêtés. Sur ce point la victoire était complète. Mais Nassif-Pacha avait tourné les Français et entrait au Caire, annonçant que Kléber était

BATAILLE D'HÉLIOPOLIS

vaincu. La ville se souleva aussitôt, égorgea les partisans des Français, et se porta vers notre quartier-général défendu par deux cents hommes à peine. Les grenadiers rangés devant la maison du général en chef sur la place de l'Esbekieh attendirent les révoltés de pied ferme, les accablèrent par un feu meurtrier et les dispersèrent à la baïonnette, pendant que la garnison des forts et de la citadelle faisait pleuvoir les obus sur les rassemblements. Averti par le bruit de la canonnade, Kléber détacha le général Lagrange sur la ville et le fit suivre bientôt par le général Friant. Ces renforts apportèrent à la garnison la nouvelle de la victoire d'Héliopolis ; l'enthousiasme se répandit parmi les Français ; ils repoussèrent l'émeute avec vigueur. Alors les révoltés élevèrent des barricades et se retranchèrent dans les maisons. Lagrange et Friant gardèrent la défensive en attendant l'arrivée du général en chef.

Pendant ce temps, Kléber profitait de sa victoire d'Héliopolis pour accabler l'armée d'Yousouf qui fuyait. Il rejoignit Reynier qui s'élançait toujours en avant à la poursuite des Turcs, bien que Friant, rappelé au Caire, l'eût abandonné. La cavalerie ennemie fit volte-face et allait envelopper l'intrépide général, lorsque Kléber apparut. La lutte fut acharnée. Les Turcs se précipitaient avec fureur sur le général en chef qui fut blessé à la tête ; mais un régiment de dragons les chargea et les rejeta sur Saléhieh, à la limite du désert. Le grand-vizir abandonna l'Egypte, laissant aux Français son artillerie, ses bagages, et toutes les richesses de son camp. Dans le désert, des tribus de maraudeurs s'abattirent sur ses troupes et achevèrent de les exterminer.

Le 27 mars, Kléber revenait au Caire. L'aspect de la ville était formidable. Nassif-Pacha, en apprenant la défaite d'Yousouf, aurait désiré capituler ; mais il y avait eu parmi les musulmans comme une explosion de fanatisme ; la révolte était prêchée dans les mosquées ; les imans excitaient les fidèles au carnage. Conseillés par des ingénieurs européens qui avaient déjà défendu Saint-Jean-d'Acre contre Bonaparte, les insurgés élevaient partout des redoutes avec les palmiers qu'ils abattaient dans leurs jardins. Ils forgèrent des boulets avec des morceaux de fer enlevés aux mosquées, fabriquèrent de la poudre, déterrèrent des canons enfouis dès la première arrivée des Français et en fondirent de nouveaux. Kléber triompha de cette redoutable résistance en procédant avec lenteur et sûreté. Il appela Reynier et Rampon qui étaient dans la Basse-Egypte, éleva des retranchements, plaça des batteries, et s'entendit avec Mourad-Bey, le chef des mamelucks. Depuis la convention d'El-Arisch, Mourad-Bey était resté l'ami des Français ; il avait refusé toutes les offres des Anglais et du grand-vizir qui cherchaient à lui faire reprendre les armes contre nous. Au contraire, il voulait joindre ses troupes à celles de Kléber et l'aider à chasser les Turcs. On lui demanda seulement de garder la neutralité; il le promit et tint parole. Quand la révolte éclata au Caire, il fit tous ses efforts pour l'arrêter. Voyant qu'il ne pouvait ramener les insurgés, il conseilla d'incendier la ville et réunit pour cela des barques chargées de matières inflammables. Kléber vint le trouver en grande pompe à Gizeh, en face du Caire, et lui donna le gouvernement de la Haute-Egypte en récompense de ses services, avec le titre de prince français. Mourad-Bey fut très flatté de cet honneur et partit pour les provinces qu'on lui confiait. Il y dispersa des bandes commandées par Derwisch-Pacha qui venait au secours des insurgés du Caire, et fit leur chef prisonnier. Il voulait lui couper la tête et en faire cadeau à Kléber ; mais celui-ci la refusa.

Lorsque Reynier fut arrivé de la Basse-Egypte, et que toutes les forces françaises furent réunies, Kléber commença l'attaque du Caire. Il lui eût été facile de réduire la ville rebelle en la bombardant, mais il ne voulait pas la détruire. Pour éviter ce malheur, il proposa trois fois aux habitants de

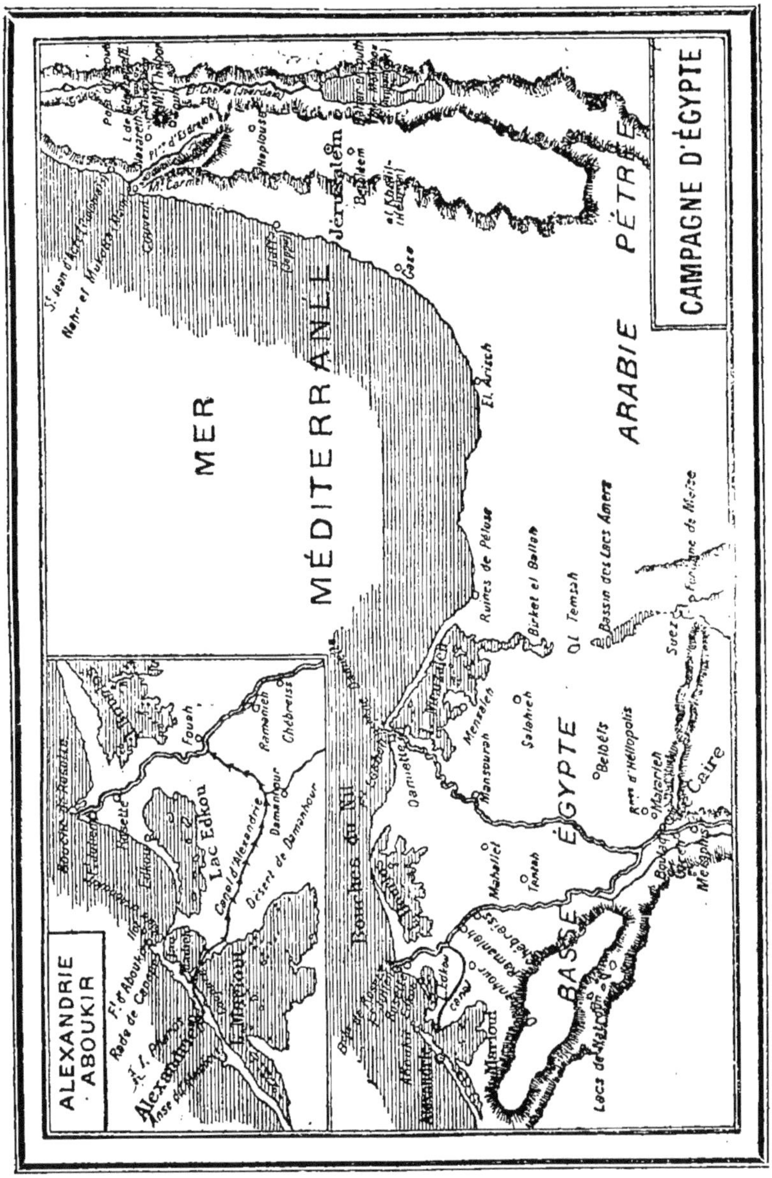

CARTE DE LA CAMPAGNE D'ÉGYPTE

leur pardonner s'ils se soumettaient. Cette bonté fut prise pour une marque de faiblesse. Alors Kléber dut se résoudre à brûler Boulaq, le faubourg et le port du Caire, qui avait insolemment refusé de se rendre. Le sort de Boulaq n'effraya pas les insurgés, et les Français furent obligés de monter à l'assaut. La ville fut prise et l'émeute écrasée. Les Turcs capitulèrent ; Kléber fut clément et leur permit de rentrer en Syrie ; Reynier les escorta jusqu'à Salehieh. Les habitants du Caire furent traités avec plus d'indulgence qu'ils n'auraient osé l'espérer. Kléber se contenta de leur demander une contribution de guerre. Il se conciliait de la sorte les vaincus qui s'attendaient à des vengeances terribles, et remédiait à la détresse financière de l'armée.

Ainsi l'Egypte était reconquise, et personne pour le moment n'était plus capable de la disputer aux Français ; les armées turques étaient détruites ; les Mamelucks combattaient pour nous ; les Anglais n'osaient débarquer. Nos soldats largement payés, grâce à la contribution de guerre, se reposaient de leurs fatigues antérieures et ne demandaient plus à abandonner l'Egypte ; ils étaient attachés à leur conquête, eux qui, avec Bonaparte lui-même, s'impatientaient d'y rester. Kléber avait donné à la France une magnifique colonie, la plus vaste et la plus fertile qu'elle eût jamais possédée.

Il s'occupa très-activement de l'organiser, dès qu'il fut rentré au Caire. Son premier soin fut de remplir les cadres de l'armée que de nombreux combats avaient diminuée. Ne pouvant faire venir des soldats de France, il acheta des esclaves noirs et parvint à les discipliner ; il fit appel aux Cophtes, cette malheureuse population constamment opprimée par les Turcs et les Arabes, et en enrôla beaucoup ; il forma de même une légion d'étrangers, recrutée parmi les Grecs fort nombreux en Egypte, et un corps de Mamelucks composé de Syriens ; enfin, pour faciliter les transports, il réunit un grand troupeau de chameaux. Dès lors il ne craignait plus les Anglais. Des travaux furent entrepris sur les côtes pour leur enlever toute possibilité de débarquer.

Ce fut un beau spectacle que la renaissance de l'Egypte sous l'impulsion de Kléber. Il concevait des projets grandioses; les idées les plus fécondes remplissaient son esprit. Il établit une commission spéciale pour détruire tous les abus administratifs, pour faire cesser toutes les vexations du pouvoir dont avait souffert jusqu'alors ce peuple abruti par l'esclavage. Les impôts cessèrent d'être levés par des bandes de soldats qui parcouraient les villes et les campagnes ; un simple officier se présentait aux habitants et se faisait payer sans recourir à la force. La prospérité revenait avec le calme ; le commerce se relevait. Pour le favoriser, Kléber fit tracer des routes et jeter des ponts sur les bras du Nil. Il voyait avec peine que cette terre, la plus fertile du monde, était mal cultivée. « Quel beau royaume que l'Egypte ! disait-il, quel généreux fleuve ! quelle terre féconde !... Que serait-ce si l'œuvre des anciens souverains était continuée, si l'on rouvrait les canaux que la négligence a laissé fermer, si l'on reportait l'eau du Nil là ou depuis longtemps elle n'arrive plus, si au moyen des arts et de l'industrie de l'Europe on la conduisait là où jamais elle n'est arrivée ! Que de terres on reprendrait sur les sables qui les ont envahies ! Que de fertilité on enlèverait à la stérilité du désert ! » Et son intelligence s'exaltait à l'idée de ces grandes entreprises. Il ne songeait plus à quitter l'Egypte ; tout l'y retenait, la pensée du bien qu'il pouvait faire au pays, l'intérêt de la France à laquelle il donnait « le marché du monde », et enfin l'affection des populations pour lui. Quand il sortait de son palais, suivi d'une escorte brillante qui frappait les imaginations et augmentait le prestige de la France, le peuple se prosternait à ses genoux, et disait, plein d'admiration devant la taille majestueuse de cet homme si fort, si terrible et si généreux à la fois : « C'est là un vrai sultan ! » Lui-même disait à ses amis : « Qu'irions-nous faire maintenant en Europe ? Restons ici ».

Son bonheur fut de courte durée. Le 14 juin 1800, il déjeunait dans son palais de la place de l'Esbekieh. Il fit rire follement ses amis en faisant une caricature qui représentait Bonaparte chassant le Directoire au XVIII brumaire. Il se leva de table pour se promener un moment avec son architecte Protain, et lui causer des réparations du palais fortement endommagé pendant la révolte. Il suivait une longue terrasse qui donnait sur la place de l'Esbekieh. C'est là qu'un musulman s'élança tout à coup sur lui, et lui enfonça un couteau dans le cœur. Un soldat passait sur la place ; Kléber peut encore lui crier : « A moi ! je suis blessé ! » puis s'affaissa. Protain bondit sur l'assassin, mais, à son tour, il fut percé de six coups de couteau ; le misérable revint sur Kléber et le frappa encore trois fois. Le soldat avait vu tomber son général ; il jeta l'alarme dans le palais. On accourut et l'on releva les victimes, pour les transporter sur un lit ; au bout de quelques minutes, Kléber expira.

L'on se mit aussitôt à la recherche du meurtrier ; on ne le trouva qu'au bout de deux heures. Protain, qui n'avait pas succombé, le reconnut. Cependant l'assassin protesta de son innocence ; il fallut longtemps pour lui arracher des aveux. Il déclara se nommer Suleyman, et dit qu'il était

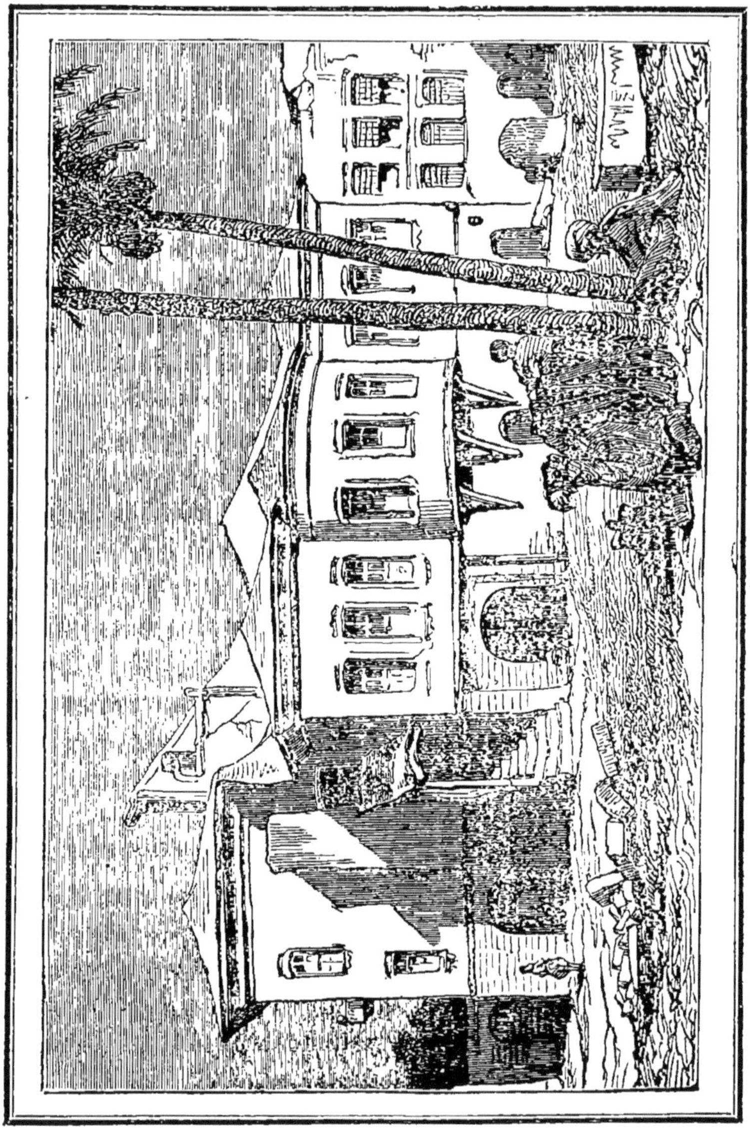

MAISON OU FUT ASSASSINÉ KLÉBER

d'Alep en Syrie. Le grand-vizir avait voulu se venger de sa défaite d'Héliopolis ; il excitait les croyants au *combat sacré*, contre le chef des infidèles, et promettait une récompense à celui qui oserait le tuer. Suleyman, musulman fanatique, se présenta ; il reçut de l'argent pour se rendre au Caire, et là, il s'entendit avec quatre cheiks, dont l'un avait été condamné par Kléber à la bastonnade. Les cheiks voulurent le dissuader de son dessein, mais voyant qu'il y persistait, ils gardèrent le secret. Suleyman fut condamné au supplice du pal; sa fermeté fut admirable, au milieu des souffrances atroces que lui fit endurer un chef des Mamelucks; il mourut en récitant des versets du Coran. Les cheiks, ses complices, furent décapités.

La mort du général en chef remplit l'armée de rage et de douleur ; les habitants du Caire en furent épouvantés. La funeste nouvelle arriva vite en France, et causa partout une profonde tristesse. Le même jour que Kléber, Desaix était mort à Marengo. Bonaparte fut cruellement éprouvé par ces deux pertes. Il prévoyait que, Kléber n'étant plus, l'Egypte ne tarderait pas à nous échapper. « S'il eût vécu, écrivait-il encore à Sainte-Hélène, lorsque, la campagne suivante, l'armée anglaise débarqua à Aboukir, elle eût été perdue ; peu d'Anglais se fussent rembarqués, et l'Egypte eût été à la France. »

PORTRAIT DE SULEYMAN ASSASSIN DE KLÉBER

En effet, les Anglais, encouragés par la mort de Kléber, attaquèrent Menou, son inhabile et ridicule successeur, et lui firent signer une honteuse capitulation. La plus belle conquête que nous eussions jamais faite était perdue. L'Egypte, après un commencement de prospérité, devait retomber [dans l'anarchie et l'esclavage, encourager par ses désordres toutes sortes de convoitises, et redevenir le théâtre de nouvelles luttes qui ne lui rendront ni la tranquillité, ni le bonheur.

Les obsèques de Kléber furent magnifiques ; on l'enterra au Caire. Mais, après la capitulation de Menou, l'armée voulut remporter en France les restes de son général bien-aimé. On les fit descendre sur le Nil, et les canons des Anglais les saluèrent au passage. Le corps fut déposé à Marseille, au fort La Garde. Strasbourg le réclama ; sous Louis XVIII, les Alsaciens virent revenir au milieu d'eux la dépouille du plus glorieux de leurs compatriotes, et l'ensevelirent en grande solennité, le 7 septembre 1818.

Rien n'était plus mérité que ces honneurs rendus à la mémoire de l'illustre guerrier. Peu d'hommes ont mené comme lui une vie qu'aucune faute n'a jamais souillée. Son histoire est une épopée, où l'héroïsme et le génie s'unissent pour nous étonner. Kléber est une des plus belles figures de cette époque de la Révolution, si féconde en hommes extraordinaires ; tout vous ravit chez lui ; tout commande l'admiration. Ceux qui ont écrit l'histoire des guerres de ces temps mémorables, le mettent au premier rang parmi les capitaines, et de bons juges n'hésitent pas à le placer immédiatement après Bonaparte. On ne connaît pas un échec qui soit venu ternir sa réputation d'habile général ; il fut victorieux dans les batailles, toutes les fois qu'il fut possible de vaincre, et que d'autres ne gâtèrent pas ses combinaisons par ignorance ou mauvais vouloir. Même ceux qui le voyaient de près ne pouvaient s'empêcher de le regarder comme supérieur au reste des mortels. Les soldats, frappés de son courage et de sa stature presque surhumaine, l'appelaient le Dieu Mars. Bonaparte, si difficile à enthousiasmer, se rappelait en le contemplant les guerriers des temps antiques ; il le nommait « le Nestor de l'armée », et lui qui « tenait le burin de l'histoire » (l'expression est de Kléber lui-même), quand il fut à Sainte-Hélène, consacrait à la mémoire du grand Alsacien l'une des plus belles pages qu'il ait laissées. « De tous les généraux que j'ai eus sous moi, Desaix et Kléber ont été ceux qui avaient le plus de talent. »

En 1840, la ville de Strasbourg fit élever un monument à Kléber, au milieu d'une grande place qui porta son nom. Le général est représenté debout, tenant d'une main la lettre de lord Keith et se redressant, superbe d'indignation, à

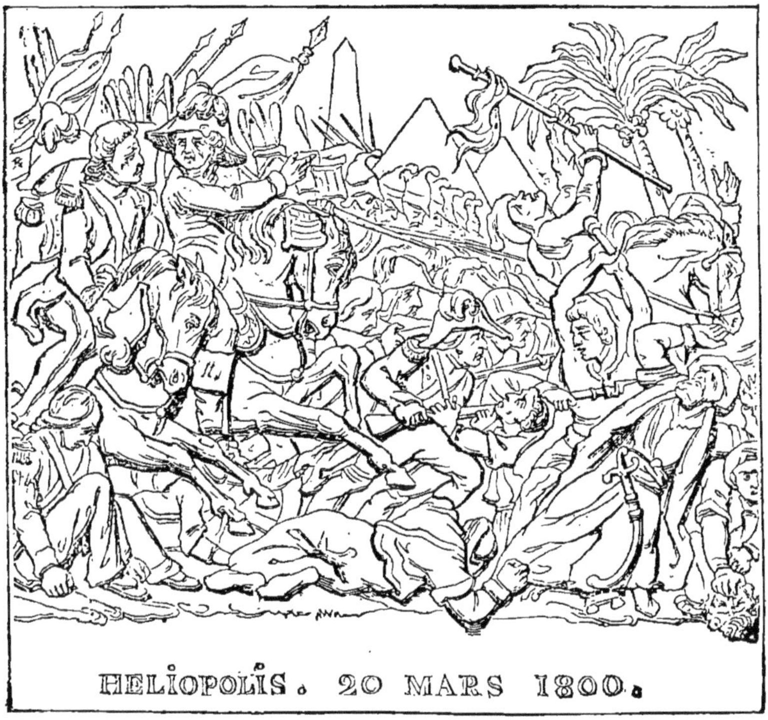

BAS-RELIEF DE LA STATUE DE KLÉBER A STRASBOURG.

cette provocation impudente des Anglais. Deux bas-reliefs figurent, l'un la bataille d'Altenkirchen, l'autre celle d'Héliopolis. Non loin de Strasbourg, près du pont du Rhin de Kehl, s'élève un autre monument érigé en l'honneur de Desaix. Une singulière coïncidence a rendu pareilles les destinées des deux amis. Après s'être couverts de gloire sur le Rhin, ils s'illustrèrent ensemble en Egypte, périrent le même jour, et furent encore voisins dans la tombe. Aujourd'hui la terre où reposent leurs restes a été ravie à la France par cet ennemi qu'ils avaient tant de fois vaincu ; leur dépouille n'appartient plus à la patrie qu'ils avaient si glorieusement servie. Pourtant leurs deux tombes devraient rappeler aux Allemands qui passent devant elles que l'Alsace est une terre éminemment française, et que ses habitants conserveront toujours ce qui fut la principale vertu de Kléber et de Desaix, l'amour de la France !

FIN

TABLES

TABLE DES MATIÈRES

TABLE DES ILLUSTRATIONS

Imprimerie du Fort-Carré, 19, Chaussée-d'Antin. Paris.